Der Lichtkörper-Prozess

Tashira Tachi-ren

Der Lichtkörper-Prozess

Gechannelt von Erzengel Ariel

Edition Sternenprinz
im Hans-Nietsch-Verlag

Die in diesem Buch beschriebenen Techniken und Prozesse wurden zur Integration spirituellen Lichts geschaffen. Bei diesen Informationen handelt es sich keinesfalls um medizinische Ratschläge. Falls du unter Symptomen leidest, die hier beschrieben werden, gehe bitte zum Arzt!

Titel der Originalausgabe:
What is Lightbody?

Deutsche Ausgabe:

3. Auflage März 2012

Lektorat: Kirsten Kretschmer
Covergestaltung: Constanze Sträter
Satz und Innengestaltung: Hans-Nietsch-Verlag
Druck: FINIDR, s.r.o., Český Těšín/
Tschechische Republik

Edition Sternenprinz im Hans-Nietsch-Verlag
Am Himmelreich 7
79312 Emmendingen

www.nietsch.de
info@nietsch.de

ISBN 978-3-939570-56-1

Inhalt

Widmung

Den Lichtarbeitern, die dem Geist mit jedem Atemzug und jedem Schritt folgen; die Göttlichkeit verkörpern und den Himmel auf Erden leben wollen; die sich dem freudvollen Dienst, der grimmigen Ganzheit, der Tadellosigkeit und dem kosmischen Witz widmen und sich für eine Vision des planetarischen Aufstiegs engagieren, der sanft, elegant und ekstatisch ist und unglaublich viel Spaß macht. Hurra!

Vorwort des Channels

Die Informationen in diesem Buch sollen als Modell oder lediglich als eine andere Meinung verstanden werden. Es ist unmöglich, die Wahrheit in einer irdischen Sprache auszudrücken. Man kann nur Realitäten beschreiben. Da es keine absolute Realität gibt, ist für mich „Realität" eher ein Verb als ein Substantiv. Sie ist eine sich beständig verschiebende und verändernde Ko-Kreation aus sich kreuzenden, individuellen und höchst einzigartigen Realitäten. Ich entscheide mich dafür, in einer Realität zu leben, in der Planet Erde durch Freude und Lachen in die Lichtdimensionen aufsteigen wird.

Kein Channel ist hundertprozentig fehlerfrei, denn das gechannelte Material muss den Filter des menschlichen Wahrnehmungsvermögens passieren. Wenn sich einige Aussagen in diesem Buch für dich wahr anfühlen, dann wurde deine Wahrheit getroffen. Falls nicht, so handelt es sich lediglich um eine andere Meinung, die du liebevoll ins Universum zurückschicken kannst.

Meine Arbeitsgruppe und ich möchten dich bitten, mich, Ariel oder jede andere gechannelte Wesenheit nicht zur Autorität außerhalb deiner selbst zu machen. Du bist die einzige Autorität, die entscheidet, was in deinem Leben „wahr" und „real" ist.

Es gibt 383 aufsteigende Planeten in fünf lokalen Universen. Einer dieser Planeten ist die Erde. Als Lichtarbeiter bist du wahrscheinlich auch auf all diesen anderen Planeten inkarniert. Unsere Inkarnationen bilden das Bindegewebe zwischen Universen, Sternen und Planeten. Wir helfen, verschiedene Planeten-Aufstiegsprogramme zu koordinieren, und unterstützen das Verschmelzen der verschiedenen Universen zu einem einzigen.

Ich bin ein Channel für höhere Lichtwesen und habe mich bewusst mit ihnen verschmolzen. Ich dehne mein Bewusstsein multidimensional aus und werde eins mit der Größe meines eigenen Geistes. Von hier aus verschmelze ich mit meiner Arbeitsgruppe, die aus vierundzwanzig Lichtwesen besteht, und wir channeln Informationen durch meinen physischen Körper. Das ist, wie du dir vorstellen kannst, eine besondere Erfahrung. Meine Beziehung zur „Besatzung", wie ich meine Arbeitsgruppe nenne, ist die einer Ebenbürtigen. Wir sind ko-kreative Meister und Lichtwesen und wir sehen auch dich als Lichtmeister.

In diesem Team ist Erzengel Ariel der „Lichtkörper-Theoretiker". Er gestaltet den Lichtkörper-Prozess und entwirft Modelle, Technologien und Meditationen, um den Aufstieg auf allen Ebenen zu unterstützen. Als ein verkörperter Aspekt der Gruppe bin ich das Channel für die Gruppenenergien und praktizierende Lichtkörper-Technikerin.

Die Informationen in diesem Buch sind Ariels Modell. Das Material wurde zwischen 1987 und 1990 in kleinen Seminaren entwickelt. 1990 wurde es niedergeschrieben, bearbeitet und gedruckt, 1993 aktualisiert, überarbeitet und auf Audiokassette aufgenommen. Zu dieser Ausgabe haben Ariel und ich Informationen beigesteuert. Wir hoffen, dass dieses Buch für dich eine nützliche und freudvolle Orientierung im Lichtkörper-Prozess sein kann.

Die vorliegende Ausgabe enthält auch das kleine Büchlein „Invokationen". Seit seiner Veröffentlichung im Jahre 1989 haben wir von vielen Lichtarbeitern erfahren, dass sie diese 33 Gedichte sehr lieben und täglich lesen. Die Invokationen wurden von verschiedenen Mitgliedern der „Besatzung" kreiert, und wenn du sie liest, wirst du die verschiedenen Schwingungen spüren.

Möge deine Reise ins Licht ein Weg der Freude sein.

Von der Quelle und im Dienst an der Quelle
Tashira Tachi-ren

Vorwort zur amerikanischen Neuausgabe

Am 30. Mai 1994 ergab sich im Göttlichen Plan eine dramatische Veränderung für den Planeten Erde. Der gesamte Zeitplan für den planetarischen Aufstieg wurde beschleunigt. Anfang Juni 1994 erlebten viele von euch, dass intensive Überlebensangst, Feindmuster und alte Bilder der Realität hochkommen. Diese Energien kamen aus eurer genetischen Kodierung. Es war, als hätte Gott in eure Körper hineingegriffen und die Angst und das Gefühl der Getrenntheit mit der Wurzel ausgerissen. Dadurch sind eventuell alte physische Traumata oder Krankheiten für kurze Zeit zurückgekehrt. Die Zeit wurde beschleunigt und viele von euch fühlen sich frustriert, wenn sie an unvollendete Projekte denken.

Die Ebenen, die in diesem Lichtkörper-Modell beschrieben werden, sind immer noch gültig. Das Durchlaufen dieser Mutationsphasen kann Jahre oder auch nur ein paar Minuten dauern – je nach dem Willen des Geistes. **Diese Ebenen sind kein Maßstab für persönliche spirituelle Entwicklung.** Dein Geist bestimmt, welche Lichtkörperebene im Augenblick von deinem göttlichen Aufbau her, deinem Inkarnationsgitter innerhalb des Hologramms und dem, was dem planetarischen Aufstieg dient, am besten entspricht. In Wirklichkeit geht es beim Lichtkörper um die Evolution dieser Spezies und den kollektiven Dienst an allem Leben.

Wenn du aus der Perspektive deiner Überseele auf diesen Planeten schauen könntest, würdest du den gesamten Alpha-Omega-Zyklus erfassen, und zwar vom Anfang bis zu seinem Ende in der „Zukunft“. Außerdem könntest du Billionen von Parallelrealitäten über den Raum hinweg sehen. Ihr seid inkarnierte Teile der Überseelen und habt viele simultane Leben im Gewebe aus Raum und Zeit. Das ist für uns das „holografische Gitter“ eurer Inkarnationen. Aus der Perspektive der Überseelen geschehen all diese Inkarnationen jetzt. Sie sind Koordinationspunkte, um das Hologramm dieses planetarischen Spiels der Getrenntheit zu restrukturieren. Die gesamte Raum-Zeit-Konstruktion ist in einer Membran enthalten, die wir „holografische Blase" nennen. Diese Blase dreidimensionaler Realitäten hat gegenwärtig bereits Dreiviertel des Weges durch die vierte Dimension hinter sich und steigt schnell weiter auf. Die Blase kollabiert und löst sich auf, was die unterschiedlichsten Reaktionen in den Menschen verursacht.

Eine Parabel

Stell dir ein kugelrundes, versiegeltes Aquarium vor, das in einem anderen, viel größeren Aquarium steht. Die Fische im großen Aquarium können in die Kugel schauen, doch die Fische in der Kugel nicht nach draußen. Die Glaskugel ist ihre einzige Realität. Das große Aquarium ist mit Salzwasser gefüllt, in dem viele wunderschöne Anemonen, Krabben und Fische leben. Die versiegelte Kugel dagegen ist mit Süßwasser gefüllt und in ihr leben Goldfische.

Plötzlich beginnt ein Prozess, durch den das Glas der Kugel dünner und dünner wird. Kleine Mengen Salzwasser sickern durch und die Goldfische müssen sich rasch weiterentwickeln, damit sie diese Veränderung verkraften können. Da das Glas dünner wird, beginnen die Goldfische, kurze Blicke auf die Kreaturen im großen Aquarium zu erhaschen. Einige Goldfische halten die anderen Fische für ihre Feinde und versuchen mutig, ihre Kugel vor der drohenden Invasion zu schützen. Sie halten die Anemonen für schlecht und beschuldigen andere Goldfische, dass sie von ihnen beeinflusst würden. Diese Goldfische verbergen ihre eigene Angst, projizieren jedoch Angst in ihre Umgebung. Andere Goldfische vermuten, dass die Fische im Aquarium schon seit langer Zeit die Glaskugel und ihre Bewohner kontrollieren. Sie sehen sich und die anderen Goldfische als hilflose Opfer. Sie glauben, dass die Kreaturen auf der anderen Seite des Glases sie gefangen halten, um sie eines Tages aufzufressen. Und da sich die Glaskugel nun mehr und mehr auflöst, begegnen sie jedem neuen Tag mit großer Angst.

Einige Goldfische sehen die Fische auf der anderen Seite des Glases als heilige, allmächtige Götter. Damit geben sie ihre eigene innere Autorität völlig auf und pendeln zwischen extremen Gefühlen hin und her: Einmal empfinden sie sich als Auserwählte, ein anderes Mal als unwürdig und wertlos. Sie versuchen, verborgene Botschaften ihrer „Meister" zu interpretieren, und richten ihre Handlungen und Glaubenssätze danach aus. Sie schwimmen in der Kugel hin und her und verursachen viele Luftblasen, aber keine dauerhaften Wirkungen.

Einige der Goldfische halten diese anderen Kreaturen für Brüder und staunen über die unglaublichen Variationen, die „der Große Fisch" verwendet, um sich selbst auszudrücken. Sie folgen dem Geist des Großen Fischs mit jeder Kieme und jeder Flosse und empfinden Ekstase, da sie sich langsam darauf vorbereiten, bald in größeren Gewässern zu schwimmen.

Die holografische Kugel ist also dabei zusammenzubrechen und verursacht zuzeiten massive parallele Verschmelzungen – manchmal sogar Zehntausende pro Minute. Auch die lineare Zeit löst sich allmählich auf und entwickelt sich in Richtung einer simultanen Zeitstruktur (Unendliches Jetzt). Der lineare Raum dehnt sich aus und entwickelt sich zum simultanen Raum (Unendliche Gegenwart).

Parallele Verschmelzungen sind oftmals irritierend, denn es tauchen Schwindel, Schüttelanfälle, verschwommene Sicht und Brüche in der Kontinuität auf. Als sich zeigte, dass die parallelen Verschmelzungen Mitte Oktober 1994 die Lichtkörperebenen der Menschen verändern und so intensiv sein würden, dass die Kugel zusammenbrechen könnte, wurde ein Experiment gestartet. Wir stimulierten die komplexen stehenden Wellen* der subatomaren Strukturen, sodass sie die stehenden Wellen aus hö-

* Das physikalische Phänomen der stehenden Wellen wird ausführlich erklärt in Tony Stubbs *Handbuch für den Aufstieg*.

heren Dimensionen akzeptieren konnten. Dadurch konnten die subatomaren Wellenbewegungen in getrennten Parallelen so synchronisiert werden, dass sie zu kontrollierten Interferenzmustern wurden. Das Ergebnis war eine milde Intensivierung manifestierten Lichts und sanfte Behebung von Störungen. Die holografische Kugel wurde nicht destabilisiert, sondern gestärkt. Das bedeutet, dass der endgültige Zusammenbruch viel sanfter sein wird. Wir werden die komplexen stehenden Wellen dieser Realität erst mit denen der höheren Astralebene und dann mit denen der höheren Dimensionen in Einklang bringen. Die dimensionalen Übergänge werden dann weniger eine schockierende, sondern vielmehr eine traumähnliche Erfahrung sein. Wir denken dennoch, dass alle Menschen die Veränderung spüren werden.

Mitte Oktober trat die Mehrheit der Lichtarbeiter ohne das sonst übliche Trara in die zehnte Lichtkörperebene ein und die Normalbevölkerung in die achte. Viele (auch Tachi-ren) haben sich darüber beklagt, dass diese Veränderung ohne „Feuerwerk" abgelaufen ist. Auch wir möchten, dass die Menschen spüren, wenn sich etwas verändert. Zwar ist unser Hauptziel, die Kugel nicht zu früh zu destabilisieren, doch wir werden trotzdem versuchen, künftige Verschmelzungen intensiv erfahrbar zu machen.

Da der Geist euch bezüglich des Aufstiegs neu positioniert, haben viele von euch das Gefühl, dass sie ihre Arbeit auf dieser Ebene abgeschlossen haben. Wenn ihr zulasst, dass alte Formen und Modelle langsam von euch abfallen, werden sich neue Formen entwickeln. Vielleicht findet ihr, dass ihr viel ausdrucksstärker oder kreativer geworden seid. Es gibt zwei Sätze, die zusammenfassen, was die meisten von euch fühlen: „Ich will nur etwas Spaß haben und ich bin sicher nicht der/die Einzige" und „Bringe es hervor, warte nicht bis morgen".

Was für ein Fisch bist du? Bist du damit beschäftigt, den „Feind" zu bekämpfen? Hast du dein Lichtschwert gezogen und führst eine Schlacht gegen die Geheimregierung, die Grauen oder die Dunkle Macht? Die Frage ist, ob das wirklich zu deiner Vision vom Himmel auf Erden passt. Konzentrierst du dich auf Außerirdische, die die Erde kontrollieren wollen? Trägst du Bilder der Realität in dir, die die Menschheit nur als Opfer, als Getäuschte und als kolonialisierte Nahrungsquelle zeigen? Wie verträgt sich das mit dem Standpunkt, dass jeder Mensch ein unermesslicher, multidimensionaler Meister ist? Hast du die Verbindung mit deinem eigenen Geist gegen die Verbindung mit einem Guru, einem Aufgestiegenen Meister oder einer gechannelten Wesenheit eingetauscht? Das gesamte Universum wird sich auf deine Bilder der Realität einstellen. Was willst du also wirklich? Dein Geist verändert deine Position bezüglich des Aufstiegs. Lass zu, dass die Süße der Umgestaltung deine Seele erfüllt. Folge deinem eigenen geliebten Geist mit jedem Atemzug, mit jedem Schritt. Lebe den Himmel!

Von der Quelle und im Dienst an der Quelle
Das Konzil von Ain Soph

Einführung von Erzengel Ariel

Wenn wir dich betrachten, sehen wir dich als unermessliches, multidimensionales Wesen. Nur ein kleiner Teil von dir befindet sich in diesem Körper und dieser kleine Teil denkt, er sei das Ganze. Doch viele Menschen haben bereits eine Ahnung davon, dass das nicht so ist. Wir sehen dich in allen Dimensionen und in deiner ganzen Größe.

Da du das hier liest, bist du aus unserer Sicht ein Lichtarbeiter. Und du hast eine Aufgabe zu erledigen. Du bist hierhergekommen, um dem Planeten Erde beim Übergang ins Licht zu helfen. Darin bist du ein wahrer Experte, denn du hast das schon unzählige Male getan.

Dieses Buch stellt dir ein Modell vor, das beschreibt, was bei diesem Prozess auf dem Planeten Erde und in dir selbst geschehen wird. Doch das ist nicht die Wahrheit, nicht die Realität. Ein multidimensionales, nicht lineares Modell kann nicht in einer irdischen Sprache beschrieben werden. Aber wir werden unser Bestes geben. Wenn es manchmal etwas holprig wird, habe bitte Verständnis, denn der Prozess ist nicht linear. Er ist eher wie Musik.

Wir können dieses Modell nur linear darstellen. Wir haben versucht, es nicht linear zu beschreiben, und alle wurden sofort „hirntot". Wir hoffen, dass du die Veränderungen, die du durchmachst, spürst. Wenn dein Mentalkörper sagen kann: „Aha, das gehört also zur achten Lichtkörperebene", lindert das die unterschwellige Angst. Es ist also sehr wichtig, dass die Informationen in diesem Buch Verbreitung finden, denn die Angst ist zurzeit sehr groß, besonders im physischen und im mentalen Körper. Wenn du weißt, was mit dir geschieht und dass es Teil eines Prozesses ist, wirst du dich weniger „verrückt" fühlen.
Jedes Mal, wenn ein Planet ins Licht geht, ist diese Heimkehr aus der Getrenntheit ein einzigartiges Ereignis. Dieser Prozess ist

für jeden Planeten und jede Zivilisation anders. Das hier beschriebene Modell gilt für die menschliche Spezies auf dem Planeten Erde.

Es gibt 383 weitere Planeten, die gleichzeitig mit der Erde ins Licht gehen werden. Und die meisten von euch sind auf den meisten dieser Planeten inkarniert. Die Erde ist jedoch etwas Besonderes. Sie hat die größtmögliche Trennung von der Quelle erfahren und kehrt nun heim. Und sie wird erfolgreich sein. Es wird keine Apokalypse in dieser Parallelrealität geben. Es gab zwar eine Zeit, in der wir nicht sicher waren, ob dieser Planet heimkehren kann, doch nun feiern wir die Gewissheit einer sicheren Rückkehr.

Eine Spezies kann aufsteigen, ohne dass ihr Planet mit aufsteigt. Eure Spezies ist nicht die erste, die von diesem Planeten aufsteigt. Vor euch gab es bereits vier andere Rassen. Was den augenblicklichen Prozess so wundervoll macht, ist, dass der Planet Erde auch aufsteigen wird. Die Erde ist ein bewusstes, lebendiges Wesen. Sie hat diesem Spiel der Getrenntheit unter der Bedingung zugestimmt, dass sie am Ende ebenfalls aufsteigen kann.

Wir würden gern auf die Besonderheit dieser Rückkehr zur Quelle hinweisen. Die Schönheit eures göttlichen Ausdrucks bei dieser Rückkehr zu beobachten ist für uns ganz erstaunlich. Obwohl ihr euch aus unserer Sichtweise nur für eine kurze Zeit aus der Quelle entfernt habt, ist eure Wiedervereinigung doch eine der feinsten Energien des Universums. Und wir warten gespannt auf den Augenblick, in dem ihr das ganz bewusst selbst erfahren könnt. Da wir zeitgleich existieren, haben wir eure Wiedervereinigung bereits gesehen, und wir freuen uns darauf, eure Freude zu teilen, wenn ihr euch selbst einholt.

Gern würde ich noch erwähnen, dass das Maß für unser Lichtkörper-Modell auf der Menge von Adenosintriphosphat (ATP) in den Zellen basiert. Wir messen die Lichtkörperebenen am Mutationszustand eures physischen Körpers. Tashira wurde von einigen Menschen angerufen, die behaupteten, sie wären auf der zwölften Lichtkörperebene. Wir sagten ihnen, dass das innerhalb dieses Modells unmöglich ist. Wenn du in diesem Modell auf der zwölften Lichtkörperebene wärest, könntest du keinen Telefonhörer mehr in die Hand nehmen, da du vollkommen im Licht und nicht mehr in dieser Dimension wärst. Nun besitzt dein Bewusstsein viele Ebenen und dein Verstand und dein Bewusstsein können zu vielen verschiedenen Orten reisen. Doch was aufsteigt, ist dein physischer Körper, und deshalb messen wir es anhand der physischen Ebene. Wenn ich dieses Modell linear und auf Ebenen beschreiben würde, auf denen sich viele eurer menschlichen Egos tummeln, würde das nur ein „Ich bin weiter entwickelt als du (oder alle)"-Spiel zur Folge haben. Bitte denke daran, dass jede Ebene anders und absolut wichtig ist. Keine Ebene ist „besser" als eine andere. Und es sei auch noch gesagt, dass sich zum Januar 1995 niemand auf diesem Planeten und in dieser Parallelrealität auf der elften oder zwölften Lichtkörperebene befindet.

Schließlich möchten wir uns dafür bedanken, dass ihr zu dieser Zeit auf diesem Planeten seid. Ihr seid in dem Wissen hierhergekommen, dass ihr einschlafen müsst. Ihr musstet alles verleugnen, was ihr je gewesen seid; alles vergessen, was ihr je gewusst habt, und für euch selbst und andere völlig unkenntlich sein. Wir haben den leichten Job. Wir gehen niemals aus der Quelle und erfahren auch niemals die Trennung vom Geist. Deshalb ehren wir euch für das, was ihr tut, und fühlen uns geehrt, mit euch arbeiten zu dürfen.

Ariel

Was ist der Lichtkörper?

Wie du vielleicht weißt, ist dieser Planet im Aufstieg begriffen. Seine Frequenz nimmt rapide zu und er verliert an Dichte. Materie, wie sie in der dritten Dimension bekannt ist, ist eine Verdichtung von Licht. Diese Dichte nimmt ab und die Schwingungsfrequenz des Planeten und der Menschen erhöht sich. Das ist ein recht aufregender Prozess.

In deinem Universum wurde im Prozess der Verdichtung der Punkt der maximalen Entfernung vom reinen Licht erreicht. Nun kehrt sich dieser Prozess um. Das bedeutet, dass die Heimreise zum Eins-Punkt beginnen kann. Zurzeit sind sieben bis acht Millionen Lichtarbeiter auf der Erde. Sie sind, wie manche sagen, die „Planetarischen Übergangsteams". Jeder Einzelne von euch ist ein Lichtarbeiter und mit bestimmten Aufgaben, Vorlieben und Begabungen hierhergekommen. Viele von euch sind Spezialisten darin, Planeten beim Aufstieg zu helfen. Ihr habt das schon viele tausend Male zuvor getan. Jedes Mal, wenn ein Planet aufsteigt, ist die Wiedervereinigung ein einzigartiger Prozess. Und die Freude über die Wiedervereinigung wird immer ganz unterschiedlich ausgedrückt, je nachdem, nach welchen Regeln das Spiel gespielt wurde. Dieses Spiel beinhaltete, dass die größtmögliche Trennung vom Licht erreicht wurde, und es war sehr erfolgreich.

Das Spiel, wie du es kennst, hat sich jedoch im März 1988 offiziell gewandelt. Damals geschah für die meisten Lichtarbeiter, was wir „Aktivierung zur ersten Lichtkörperebene" nennen. Es war wie eine kleine Glocke, die in der DNS-Struktur zu läuten begann: „Hurra, es ist Zeit, nach Hause zu gehen!" Damit wurde der Prozess der Mutation und Veränderung in Gang gesetzt. Obwohl die Veränderung meistens freudvoll vonstatten geht, kann sie manchmal auch etwas schwieriger sein. Doch es ist nicht das erste Mal, dass ihr diesen Prozess durchmacht.

Was das Spiel so interessant macht, ist die Frage: „Wie soll ich es dieses Mal machen? Welche Energien, Emotionen und wie viel Freude werde ich auf diesem Weg der Wiedervereinigung ausdrücken?“ Das, was wir „Einatmen und Ausatmen der Quelle“ nennen, ist schon viele Male geschehen, und das jetzige Einatmen wird seinen einzigartigen Ausdruck besitzen, wenn dieser Planet und alle anderen Planeten zum Eins-Punkt zurückkehren.

Dieser Planet ist dabei, ins Licht überzugehen, oder anders ausgedrückt: Er befindet sich im Zustand des Aufstiegs. Es ist ein allmählicher Prozess. Du bist nicht heute Materie und morgen bereits Licht. Jeder Mensch befindet sich in diesem Prozess und viele von euch haben bereits die halbe Wegstrecke hinter sich.

Die Dimensionen

Lasst mich zuerst die verschiedenen Dimensionen oder Ebenen der Existenz erklären. Wir benutzen ein Modell mit zwölf Dimensionen, und das Du, das hier in deinem physischen Körper sitzt, existiert in der dritten Dimension. Sie basiert auf Materie. Die vierte Dimension wird auch „Astralebene“ genannt. Sie basiert größtenteils auf Emotionen. Beide Dimensionen zusammen ergeben das, was wir „untere Schöpfungswelt“ nennen. Das sind die Dimensionen, in denen das Spiel der Trennung ausgetragen wird. Es sind die einzigen Dimensionen, in denen die Illusion von Gut und Böse aufrechterhalten und in denen man sich vom Geist und voneinander getrennt fühlen kann. Darin seid ihr alle recht gut. Es war ein sehr erfolgreiches Spiel der Getrenntheit, doch nun ist es vorbei.

Dieser Planet ist also in einem Zustand des Aufstiegs begriffen und schwingt gegenwärtig auf den unteren Stufen der Astralebene. Es wird Teil des Aufstiegsprozesses sein, dass alle Dimensionen „aufgerollt“ werden und in höhere Dimensionen aufgehen. Es wird sie dann nicht mehr geben.

Da der Planet zurzeit auf der Stufe der unteren Astralebene schwingt, fühlt sich für viele von euch das Leben wie ein Traum an. Ihr seid niemals ganz sicher, ob ihr schlaft oder wacht. Kontinuitäten brechen zusammen. Das fühlt sich so an, als würden sich Objekte verändern, während ihr sie in der Hand haltet. Der Füller, mit dem ihr gerade schreibt, verwandelt sich plötzlich in einen Hammer. Irgendwann wird euch dieser Bruch in der Kontinuität jedoch nicht mehr stören – genau wie im Traum. Ihr werdet außerdem feststellen, dass sich eure Traumzustände verändern. Ihr werdet aufwachen und nicht mehr ganz sicher sein, ob ihr wirklich wach seid. Ihr werdet luzide Träume haben, das heißt im Traumzustand völlig bewusst sein. Und ihr werdet eurer selbst voll bewusst sein, wenn ihr euch zwischen diesen Realitäten hin und her bewegt, und alle Realitäten werden sich gleich real anfühlen. Es wird nicht mehr so scheinen, dass nur eine wahre Realität existiert.

Die fünfte bis neunte Dimension bilden in unserem Modell die mittlere Schöpfungsebene.

Die fünfte Dimension ist die Lichtkörper-Dimension, in der du dir selbst als Meister und als multidimensionales Wesen bewusst bist. In der fünften Dimension bist du völlig Geist-orientiert. Viele von euch sind von dieser Ebene gekommen, um hier Lichtarbeiter zu sein.

Die sechste Dimension enthält die Schablonen für die DNS-Muster aller Spezies, inklusive die der Menschheit. Dort sind auch die Lichtsprachen gespeichert. Sie ist zum größten Teil aus Farben und Tönen aufgebaut. Es ist die Dimension, in der das Bewusstsein durch Gedanken erschafft, und einer der Orte, an denen du arbeitest, während du schläfst. In dieser Dimension besitzt du keinen Körper, es sei denn, du erschaffst dir einen. Wenn du sechstdimensional arbeitest, bist du eher so etwas wie ein „lebender Gedanke“. Du erschaffst durch dein Bewusstsein, doch du hast nicht unbedingt ein „Vehikel“ für das Bewusstsein.

Die siebte Dimension ist die reiner Kreativität, reinen Lichts, reiner Geometrie und reinen Ausdrucks. Es ist die Ebene der unendlichen Verfeinerung und die letzte Ebene, auf der du dich selbst als Individuum wahrnehmen kannst.

Die achte ist die Dimension des Gruppengeistes oder der Gruppenseele. Sie ist der Ort, an dem du dem größeren Teil deiner selbst begegnest. Die achte Dimension ist durch den Verlust des Ich-Bewusstseins charakterisiert. Wenn du durch diese Dimensionen reist, ist das der Ort, an dem du die meisten Schwierigkeiten haben wirst, dein Bewusstsein zusammenzuhalten, denn du bist reines „Wir“ und arbeitest für die Ziele der Gruppe. Deshalb könnte es dir scheinen, als seist du eingeschlafen oder ausgelöscht worden.

In unserem Modell ist die neunte Dimension der Ort des kollektiven Bewusstseins der Planeten, Sternsysteme, Galaxien und Dimensionen. Wenn du diese Dimension besuchst, mag es dir schwerfallen, bewusst zu bleiben. Auch hier ist es sehr schwierig, ein Verständnis vom „Ich“ zu haben, denn du bist so unermesslich groß, dass alles nur noch „Du“ ist. Stell dir vor, du wärest das Bewusstsein einer Galaxie! Jede Lebensform, jeder Stern, jeder Planet und jeder Gruppengeist einer jeden Spezies ist in dir!

Die zehnte bis zwölfte Dimension machen die höhere Schöpfungsebene aus. Die zehnte ist die Quelle der Strahlen und das Heim derer, die „Elohim“ genannt werden. Hier werden die neuen Schöpfungspläne entworfen und zur mittleren Schöpfungsebene gesandt. In der zehnten Dimension kann es ein Gefühl für das „Ich“ geben, doch bei Weitem nicht so wie in der dritten.

Die elfte Dimension ist die des vorgeformten Lichts, der Punkt vor der Schöpfung und ein Zustand freudiger Erwartung, ähnlich dem Augenblick kurz vor einem Niesen oder einem Orgasmus. Es ist die Ebene des Wesens, das Metatron genannt wird, und der Erzengel und anderer Akashas dieses Quellensystems. Es gibt planetarische Akasha-Chroniken, galaktische Akashas und Akashas für das ganze Quellensystem. Du befindest dich in einem von vielen Quellensystemen. Deshalb geben wir auch nur die Beschreibung dieses Systems. Wenn du ein anderes Quellensystem besuchst, werden auch deine Erfahrungen völlig anders sein. Als Erzengel ist meine Heimat in der elften Dimension.

Die zwölfte Dimension ist der „Eins-Punkt", in dem sich alles Bewusstsein als ganz und gar eins erkennt mit Allem-Was-Ist. Es gibt **keine** irgendwie geartete Trennung. Wenn du diese Ebene betrittst, begreifst du dich selbst als vollkommen eins mit Allem-Was-Ist, der Schöpfungsmacht. Wenn du diese Ebene betrittst, wirst du niemals mehr der- oder dieselbe sein, denn du kannst nicht den gewohnten Grad an Trennung aufrechterhalten, wenn du einmal vollkommene Einheit erfahren hast.

Deine Körper

In der alten Welt hast du einen physischen Körper und die meisten Menschen reagieren auf den eigenen Körper wie auf einen Feind. Der Körper ist das, wodurch du karmische Beschränkungen erfährst. Viele Menschen haben das Gefühl: „Wenn ich keinen Körper hätte, bräuchte ich diese Beschränkung nicht zu erleben." Sie akzeptieren auch nicht, dass der Körper selbst ein Bewusstsein besitzt und dass es die Aufgabe dieses Bewusstseins ist, ihnen und dem Geist zu dienen. Der physische Körper fühlt sich daher die meiste Zeit abgelehnt und missbraucht. Du sagst: „Ich habe keine Lust, durch dich Karma zu erfahren, deswegen werde ich dir nicht zuhören, wenn du mir etwas zu sagen hast. Ich werde dich nicht mit dem versorgen, was du essen willst. Ich werde dich nicht so spielen lassen, wie du es gern würdest." Diese ganzen verrückten Dinge tust du deinem Körper also an. Die meisten von euch haben eine Beziehung der Hass-Liebe zu ihrem Körper. „Er ist zu dick, er ist zu dünn, er ist zu breit, er ist zu wenig Haare, er ist zu behaart, er ist zu groß, er ist zu klein ..." Die meisten von euch haben diese Art von Beziehung zum Physischen.

Ihr besitzt außerdem etwas, was wir „ätherische Blaupause" nennen. Die meisten von euch, die auf ätherischer Ebene wahrnehmen können, nehmen diesen Körper im Abstand von etwa einem Zentimeter zur Haut wahr. Er existiert auch in euch. Dieser Körper hält Strukturen, die siebt-, sechst-, fünft- und viertdimensional sind. Das werden wir nun anhand unseres Modells von den Dimensionen erklären.

Zurzeit befindest du dich in der dritten Dimension. Die vierte Dimension ist die Astralebene. Dort ist die Mehrzahl eurer karmischen Muster im Ätherkörper gespeichert. Sie setzen die Bewegungen in Gang, die auf andere Energiekörper übergreifen und euch karmische Erfahrungen bringen. Sie lassen auch eure DNS auf einer beschränkten, überlebensbezogenen Ebene arbeiten, indem sie die Lichtmenge beschränken, die euer physischer Körper aufnehmen kann.

Ihr besitzt eine noch schlafende fünftdimensionale Lichtkörper-Struktur. Diese Struktur enthält etwas, was wir „ätherische Kristalle" nennen. Diese Kristalle blockieren bestimmte Energieflüsse und verhindern, dass der Körper zu früh aktiviert wird.

Die fünftdimensionale ätherische Blaupause besteht aus einem axiatonalen Meridiansystem, einem axialen Kreislaufsystem und aus Drehpunkten, die diese Systeme und Strukturen miteinander verbinden.

Als Teil des Trennungsspiels wurde die direkte Verbindung der menschlichen axiatonalen Meridiane mit dem Überselbst und mit anderen Sternenvölkern durchtrennt. Das verursachte eine Verkümmerung im Gehirn sowie Alterung und Tod. Axiatonale Linien entsprechen den Akupunktur-Meridianen, die sich mit der Überseele und den resonierenden Sternsystemen verbinden können.

Durch diese axiatonalen Linien wird der menschliche Körper direkt vom Überselbst in einen neuen Körper aus Licht umprogrammiert. Axiatonale Linien existieren unabhängig von allen physischen Körpern oder biologischen Formen. Sie gehen von verschiedenen Sternensystemen aus und der galaktische Körper kontrolliert seinen Erneuerungsmechanismus durch sie. Stell dir die Milchstraße als Körper eines Lebewesens vor. Die Sterne und Planeten sind die Organe dieses galaktischen Körpers; die verschiedenen Spezies auf den Sternen und Planeten sind die Zellen in seinen Organen, die die Energien der Organe und Zellen erneuern. Um dieses Spiel der Trennung spielen zu können, wurden der Planet Erde und seine Bewohner vom galaktischen Körper und der Überseele abgetrennt. Nun werden sie wieder miteinander verbunden.

Die axiatonalen Linien bestehen aus Licht und Klang. Die Funktionen des Christus-Offiziums sind nötig, um die axiatonalen Meridiane des menschlichen Körpers neu zu strukturieren. Sobald die Neustrukturierung stattgefunden hat, überträgt das Überselbst die nötigen Farb- und Klangfrequenzen, um den physischen Körper in einen Lichtkörper umwandeln zu können. Die axiatonalen Linien verlaufen entlang der Akupunktur-Meridiane und verbinden sich mit diesen über die „Drehpunkte". Drehpunkte sind kleine kugelförmige Wirbel von elektromagnetischer Energie, die sich auf der Hautoberfläche befinden. Auch in jeder Körperzelle gibt es Drehpunkte. Diese zellularen Punkte strömen Klang- und Lichtfrequenzen aus, wodurch sich die Atome der Zellmoleküle schneller drehen. Durch die erhöhte molekulare Drehung werden Lichtfasern geschaffen, die wiederum eine Netzstruktur für die Zellregeneration bilden.

Da dieses Spiel gespielt werden sollte, besaßen die axiatonalen Linien keine Verbindung mehr. Daraus folgte, dass das axiale Kreislaufsystem in der menschlichen Spezies völlig verkümmerte. Die Drehpunkte auf der Hautoberfläche werden durch ein Energiesystem aus der fünften Dimension mit jedem Drehpunkt in den Zellen verbunden. Es ist ein Modell für die physische Umwandlung und es wird zurzeit, da die axiatonalen Linien wieder verbunden sind, erneuert. Genau wie das Nervensystem ist das axiale System in seiner Natur eher elektrisch und lässt Energie fließen, so wie Blut durch das Kreislaufsystem strömt. Das Überselbst schickt Energie in die axiatonalen Linien, die dann in die Drehpunkte auf der Haut fließt und so die physischen Akupunktur-Meridiane und das axiatonale System nährt. Indem das axiale System Energie vom Überselbst erhält, rekombiniert es Farbe und Klang, um Blut, Lymphsystem, endokrines und Nervensystem auf die göttliche Schablone, den Adam Kadmon, ausrichten zu können. Das axiale System transportiert auch die Energie vom Überselbst in die Drehpunkte innerhalb der Zellen. Das regt die Drehpunkte an, Klang und Licht auszuströmen und so ein Gitternetz für die Evolution der Menschheit zu erschaffen.

Die Struktur aus der sechsten Dimension enthält Schablonen oder Muster, die zur Formung von Materie und Lichtkörpern eingerichtet wurden. Hier werden die gesamten Kodierungen der DNS gespeichert. Diese Schablone aus der sechsten Dimension bestimmt, was eine DNS enthält und wie ein physischer Körper geformt ist. Lichtarbeiter tragen Teile des genetischen Materials der verschiedenen Spezies der anderen 383 aufsteigenden Planeten in sich.

Die Strukturen aus der siebten Dimension sind dazu da, Göttlichkeit zu verkörpern. Sie sind eine Schnittstelle zwischen den physischen und astralen Körpern einer Spezies und ihrer göttlichen Blaupause. Der Adam Kadmon ist die göttliche Form, aus der alle fühlenden Wesen hervortreten, und schließt daher Myriaden von Formen mit ein. Die Strukturen aus der siebten Dimension sind sehr flexibel und unterscheiden sich von Mensch zu Mensch. Vorbereitete „Schwellen" in der Struktur und in den dritt- und viertdimensionalen Körpern bilden eine Höchstgrenze dafür, inwieweit die Überseele eine Verbindung mit einer Spezies herstellen und sich in ihr verkörpern kann.

Vor der Aktivierung der Körper zum Licht wärest du dir also zumeist der viertdimensionalen Muster in deinen Körpern bewusst gewesen.

Den nächsten Körper in diesem Modell nennen wir „Emotionalkörper". Aus der fünften Dimension heraus betrachtet, sind der Emotionalkörper, der Mentalkörper und der spirituelle Körper aus doppelten Tetraedern aufgebaut, die eine bestimmte Drehzahl besitzen. Im Emotionalkörper hast du all diese wundervollen, blockierten Stellen, die nichts anderes als geometrische Figuren sind, die sich nicht kohärent bewegen. Diese inkohärenten Bewegungen werden durch die viertdimensionalen Strukturen in der ätherischen Blaupause verursacht. Du sitzt also auf Emotionen. Das ist ein Teil des Karma-Spiels. In diesem Spiel wurde dir beigebracht, dich nicht auszudrücken. Sich auszudrücken ist gefährlich. Und wenn du dich nicht ausdrücken kannst, wirst du diese wundervollen geometrischen Formen in dieses Feld verschließen. So gehst du also durchs Leben, bis du auf jemanden triffst, der eine komplementäre Blockade besitzt. Eure kleinen Geometrien rasten ineinander ein und da stehst du nun und musst Karma ausbaden. Du bist so lange blockiert, bis es ausgestanden ist und sich die Geometrien wieder voneinander lösen. Du erfährst das als Beschränkung, als Unbehagen und fragst dich: „Warum zum Teufel bin ich nur hier?"

Der Mentalkörper besteht ebenfalls aus geometrischen Figuren. Die Aufgabe dieses Körpers ist es, deine Realität zu bestimmen. Der Mentalkörper glaubt, die Kontrolle zu besitzen. Er glaubt, der Manager deiner „Show" zu sein. Doch das ist nicht der Fall. Seine einzige Aufgabe ist zu bestimmen, was „real" ist. Er bestimmt, wie sich das Universum für dein Leben umgestaltet. Indem er bestimmt, was real ist, hält er dich im Karma-Spiel gefangen. Es gibt nichts, was der Mentalkörper mehr hasst als Veränderung. Nichts! Denn wenn du in Zukunft etwas anders machst als heute, könnte dein Überleben gefährdet sein. Er hält eine Realität aufrecht, von der er denkt, dass sie dich am Leben erhält, egal ob das wahr ist oder nicht. Und es ist ihm völlig gleichgültig, ob du dabei glücklich und zufrieden bist. Der Mentalkörper will nur erhalten.

In sich selbst vereinigt zu sein ist der natürliche Zustand von Allem-Was-Ist. Die Energiemenge, die benötigt wird, um die Illusion der Getrenntheit aufrechtzuerhalten, ist unglaublich groß. Hierfür wird viel mehr Energie benötigt, als gebraucht würde, wenn du einfach losließest. Aus diesem Grund hat sich der Mentalkörper zu dieser Stärke entwickelt. Um die Illusion der Getrenntheit aufrechtzuerhalten, war es am einfachsten, den Mentalkörper alles, was er nicht sehen kann, als nicht real erklären zu lassen. Daher blendet er alle Impulse aus, die vom Geist kommen.

Der spirituelle Körper ist aus den gleichen Tetraedern aufgebaut und wird im Karma-Spiel zumeist übersehen. Seine eigentliche Aufgabe ist, dich mit deiner Überseele, deiner Christus-Überseele und mit der Ich-bin-Präsenz zu verbinden. Offensichtlich ist der spirituelle Körper im Karma-Spiel unterbeschäftigt. Er sitzt einfach da draußen und diese Verbindungen werden nicht hergestellt.

Der spirituelle Körper bringt Impulse und Informationen von deinem eigenen Geist durch, die dann auf den Mentalkörper treffen, der sagt: „Das ist nicht real." Wenn der Emotionalkörper nun Hinweise vom Geist auffängt, verschließt er sich, anstelle sich auszudrücken. Und du wiederholst diesen ganzen Zyklus der Beschränkung und Getrenntheit, denn das ganze Spiel gründete ja auf der Illusion der Getrenntheit vom Geist. Darum ging es.

Deine Chakren

Auch euer Chakra-System verändert seine Tätigkeit. Die meisten von euch wissen über Chakren Bescheid. Jeder Mensch besitzt vierzehn Hauptchakren, die multidimensional existieren. Es sind die sieben Chakren des physischen Körpers, die sieben Chakren außerhalb des Körpers. Dazu kommen das Alpha- und das Omegachakra. Die meisten Menschen sehen oder fühlen die Chakren als strahlende, sich drehende Energiequellen, doch Chakren besitzen auch eine sechstdimensionale interne Struktur.

Im Karma-Spiel war die Struktur der sieben Körperchakren absichtlich eingeschränkt, sodass sie nur Energie aus der Astralebene übertragen konnten. Sie waren „versiegelt". Mit dieser beschränkten Blaupause gleicht ein Chakra zwei Kegeln. Der eine Kegel öffnet sich zur Vorderseite des Körpers hin, der andere öffnet sich zum Rücken. Dort, wo sie sich im Körper treffen, sind sie versiegelt, damit sie in dieser Ausrichtung bleiben. Dieser enge Teil im Zentrum ist zumeist von mentalen oder emotionalen Fragmenten verstopft. Diese „Trümmer" lassen die Drehgeschwindigkeit der Kegel immer langsamer werden. Das bewirkt im Akupunktur-Meridiansystem einen Energiemangel, der zu Krankheit oder Tod führen kann. Diese Struktur der Chakren kann Energie nur von vorn nach hinten oder von hinten nach vorn leiten und keine höherdimensionalen Frequenzen nutzen.

Wenn der Lichtkörper-Prozess aktiviert ist, werden die „Siegel" im Zentrum der Kegel aufgebrochen. Langsam öffnet sich die Chakra-Struktur aus dem Zentrum heraus, bis das Chakra kugelförmig ist. Das erlaubt es dem Chakra, Energie in alle Richtungen auszustrahlen und Frequenzen aus den höheren Dimensionen zu übertragen. Der Körper schüttet die angesammelten Karma-Trümmer aus und die kugelförmige Blaupause macht es unmöglich, dass sie wieder aufgenommen werden können. Die Kugeln dehnen sich weiter und weiter aus, bis alle Chakren zu einem vereinigten Energiefeld verschmelzen. Jedes der oberen, nicht verkörperten Chakren besitzt eine eigene geometrische Blaupausen-Struktur und kann die passenden Frequenzen aus der Überseele oder einer anderen Dimension übertragen, die mit diesem Chakra in Verbindung steht. Das achte und das elfte Chakra enthalten flache kristalline Schablonen, durch die die galaktischen axiatonalen Linien laufen. Sobald die axiatonalen Meridiane wieder verbunden sind, werden diese Schablonen von der Überseele dazu verwendet, die Einflüsse der Sterne auf den menschlichen Körper zu regulieren. Die axiatonalen Linien und das axiale Kreislaufsystem werden von der Überseele durch das achte Chakra neu eingestellt. Dadurch hat das achte Chakra die Hauptkontrolle bei der Mutation des Körpers und der Verschmelzung der Energiekörper.

Bis vor kurzem waren das Alpha- und das Omegachakra im menschlichen Körper verkümmert. Obwohl diese beiden Chakren Energiezentren sind, besitzen sie eine völlig andere Blaupause und Aufgabe als die restlichen Chakren. Sie sind sehr fein eingestellte Energieregulatoren für elektrische, magnetische und gravitatorische Wellen und dienen außerdem noch als Anker für die siebtdimensionale ätherische Blaupause.

Das Alphachakra befindet sich etwa 15 bis 20 Zentimeter über und etwa 5 Zentimeter vor der Mitte des Kopfes. Es verbindet dich mit deinem unsterblichen Körper aus Licht in der fünften Dimension. Das Omegachakra befindet sich etwa 20 Zentimeter unterhalb des Steißbeins und verbindet dich mit der holografischen Ebene des Planeten sowie mit den holografischen Gitternetzen deiner Inkarnationen. Im Gegensatz zur viertdimensionalen karmischen Matrix ist das eine Verbindung völlig unkarmischer Natur. Das achte Chakra befindet sich 17 bis 22 Zentimeter über der genauen Kopfmitte. Aus dem achten Chakra entspringt eine Lichtsäule von etwa 10 Zentimetern Durchmesser. Sie führt durch die Körpermitte und die Körperchakren nach unten bis etwa 20 Zentimeter über die Füße hinaus. Diese Säule enthält exakt in ihrer Mitte eine Lichtröhre von etwa 4 Zentimetern Durchmesser, die durch die gesamte Länge der Säule verläuft.

Wenn das Alpha- und Omegachakra offen sind und richtig funktionieren, wirst du etwas erleben, was „die Wellen des Metatron" genannt wird. Diese laufen durch die innere Lichtsäule. Die Magnet-, Elektro- und Gravitationswellen oszillieren zwischen dem Alpha- und dem Omegachakra hin und her, die wiederum die Amplitude und die Frequenz dieser Wellen regeln. Die Wellen stimulieren und unterstützen den Fluss der Pranaenergie durch die kleinere Lichtröhre. Die Wellen des Metatron helfen dem Körper bei der Koordination seiner Mutation in Richtung der längst existierenden Schablonen im unsterblichen Lichtkörper.

Wenn sich die Körperchakren zur Kugelform geöffnet haben, werden Gitterstrukturen niedergelegt, die die Chakren direkt mit Drehpunkten auf der Hautoberfläche verbinden. Dadurch werden die Chakren direkt mit den neuen axiatonalen und axialen Systemen verbunden. Durch Verbindung der Gitterstrukturen der Chakren mit den axiatonalen Linien werden sie höheren evolutionären, universalen Resonanzgittern und Wellenbewegungen angeschlossen. Das hilft den Chakren, dem Emotional-, dem Mentalkörper und dem spirituellen Körper, zu einem vereinigten Energiefeld zu verschmelzen. Dieses vereinigte Feld empfängt dann die Überseelen-Körper und bewegt sich in Einklang mit universalen Wellen und Pulsen. Dieses neue System überträgt nun diese Wellen und Pulse durch die Drehpunkte ins axiale Kreislaufsystem und stellt die Pulse und den Fluss der Körperflüssigkeiten neu ein.

Nun befindest du dich aber im Karma-Spiel. Und da du in einem Zustand der Getrenntheit vom Geist, einem Zustand der Beschränkung lebst und dich zudem noch von deinem physischen Körper entfremdet hast, heißt das für gewöhnlich, dass du nicht in deinem Körper bist. Und wenn du nicht in deinem Körper bist, kannst du dein Herzchakra auch nicht aktivieren. Und wenn du dein Herzchakra nicht aktivieren kannst, sind die beherrschenden Chakren das Basischakra, das Sakralchakra und das Solarplexuschakra. Deine Wechselwirkungen mit der Umwelt beruhen auf instinktiver Furcht, karmischen Mustern, Macht, Lust, Neid oder rein egozentrischen Machtspielen mit anderen Menschen. Ohne voll in deinem Körper zu sein, kannst du keine höhere Wechselwirkung haben. Und natürlich sind dann auch die oberen, außerkörperlichen Chakren überhaupt nicht aktiviert.

Aktivierung

Im März 1988 wurden alle Lichtarbeiter auf diesem Planeten mindestens zur ersten Lichtkörperebene aktiviert. Am 16. April 1989 wurde die gesamte kristalline Struktur der Materie und jeder einzelne Bewohner dieses Planeten zur dritten Lichtkörperebene aktiviert. Das ist kein freiwilliger Prozess, denn jeder Mensch erlebt ihn. Viele Menschen verlassen jedoch diesen Planeten, da sie diesen Prozess in diesem Leben nicht durchmachen wollen. Jeder Mensch kann sich entscheiden, in welchem Leben oder in welcher Parallelrealität er den Prozess durchlaufen möchte. Wir verlieren keine Menschen. Jene, die sich jetzt dagegen entscheiden, sind einfach noch nicht bereit, den Prozess in dieser Inkarnation durchzuführen.

Die erste Lichtkörperebene

Als die erste Aktivierung stattfand, war das für die meisten von euch so, als wäre in eurer DNS eine Glühbirne durchgebrannt: „Zeit, nach Hause zu gehen". Und genauso fühlte es sich im Körper an. Aus ihm stieg eine Begeisterung auf, die einfach wundervoll war. Gleichzeitig sagte er: „Zeit, Dichte zu reduzieren", und die meisten von euch machten eine handfeste „Grippe" durch. Wir nennen das, was für die meisten Menschen eine „Grippe" ist, „Veränderungssymptome". Wenn eure Körper Dichte reduzieren, neigen sie dazu, Kopfschmerzen, Erbrechen, Durchfall, Akne, Ausschläge sowie grippeähnliche Symptome wie Muskel- und Gliederschmerzen durchzumachen. Und wenn ihr euch erinnert, so gab es im März 1988 eine Grippeepidemie, die eigentlich eine Lichtepidemie war.

Die moderne menschliche Genforschung hat 99 Prozent der DNS als „Müll" bezeichnet, da „wir ja nicht wissen, was sie wirklich bedeutet". Tatsächlich jedoch enthält die menschliche DNS Anteile des genetischen Materials jeder Spezies auf der Erde, plus genetisches Material, das holografisch mit allen Erfahrungen der Menschheit sowie mit den Erfahrungen der holografischen Gitterstrukturen eurer eigenen Inkarnationen kodiert ist, plus Anteile der genetischen Kodierung aller fühlenden Wesen auf 383 aufsteigenden Planeten innerhalb fünf benachbarter Universen. Außerdem enthält eure DNS „latente", also schlummernde Kodierungen, die den physischen Körper in einen Lichtkörper mutieren lassen.

Vor März 1988 waren nur etwa 7 Prozent der genetischen Kodierungen aktiv. Dann aktivierte der Geist auf der ersten Ebene des Lichtkörpers eine Reihe dieser latenten Kodierungen, indem er eine Licht- und Klangsequenz hineinfließen ließ. Diese neu aktivierten Kodierungen gaben dem Körper ein Signal, das eine Veränderung der DNS sowie eine grundlegende Umstellung der Energieverarbeitung in den Zellen verursachte.

Wir messen eine Lichtkörperebene an der Fähigkeit eurer Zellen, Licht zu „verstoffwechseln". Anhaltspunkt für diese neue Zellaktivität ist die vorhandene Menge von Adenosintriphosphat (ATP). Die für die Aktivitäten in der Zelle benötigte Energie stammte vor der Aktivierung der Lichtkörper aus einem Energieproduktions-und-Speicherungs-System, das Energie in Form von Adenosintriphosphat (ATP) speichert und Energie freisetzt, indem es ATP zu Adenosindiphosphat (ADP) abbaut. ATP ist also eine in den Zellen vorhandene chemische Verbindung, die es den Zellen ermöglicht Energie zu speichern. In den Mitochondrien* wird aus der Nahrung gewonnene Energie für die Zellaktivität in ATP gebunden und gespeichert. ATP besitzt eine Kette von drei Phosphatgruppen, die aus dem Adenosin-Molekül hervorspringen. Wenn ein ATP-Molekül eine Phosphatgruppe verliert, wird es zu einem ADP-Molekül – dabei wird Energie frei, mit der die Zelle sich am Leben erhält und ihren Aufgaben nachkommen kann, indem sie beispielsweise Proteine bildet. ADP wird, indem es eine Phosphatgruppe aufnimmt, wieder zu ATP, das wiederum eine Phosphatgruppe abgibt, um Energie

* Mitochondrien gibt es in jeder Zelle, die einen Zellkern hat. Man kann sie als „Energiekraftwerke" der Zelle bezeichnen.

freizusetzen, und das so entstandene ADP nimmt sie wieder auf, um erneut Energie zu speichern – das ist ein Energiekreislauf, ein in sich geschlossenes biologisches Energiesystem, das Alterung und Tod zur Folge hat. Ein bestimmtes energetisches Niveau kann nicht überschritten werden.

Als die Lichtkörper-Mutation aktiviert wurde, leuchtete eine Reihe von latenten DNS-Kodierungen auf, die den Zellen neue Richtlinien gaben. Eine der ersten Anweisungen war, der Zelle mitzuteilen, sie solle Licht als neue Energiequelle anerkennen. Zuerst wusste das Zellbewusstsein nicht, was es mit dieser Information anfangen sollte. Als die Zellen in Licht gebadet wurden, begannen die Mitochondrien (die sehr lichtempfindlich sind), diese neue Farb- und Klangaktivierung ganz und gar aufzunehmen und explosionsartig ATP zu produzieren. Doch die Zellen hatten noch nicht genügend Licht aufgenommen, um die Phosphatverbindung stabilisieren zu können. Dadurch baute sich das ATP wieder schnell ab zu ADP und der Zellstoffwechsel wurde dramatisch beschleunigt. Angesammelte Gifte, alte Traumata und gespeicherte Gedanken und Emotionen lösten sich aus dem physischen Körper und verursachten grippeähnliche Symptome.

Die physische Form hatte nach ihrer alten Methode die Gehirnfunktionen links- und rechtshemisphärisch aufgeteilt. Auch waren Zirbeldrüse und Hypophyse auf Erbsengröße verkümmert, anstatt die Größe einer Walnuss zu haben. Durch die Aktivierung begann sich die Gehirnchemie zu verändern und es bildeten sich neue Synapsen.

Die zweite Lichtkörperebene

Auf der zweiten Ebene wird die sechstdimensionale, ätherische Blaupause mit Licht durchflutet. Sie beginnt, die viertdimensionalen Strukturen loszulassen, die euch an karmische Erfahrungen aller Inkarnationen binden. Als Resultat fühlst du dich vielleicht ein wenig desorientiert und hast des Öfteren einen „Grippeanfall".

Du liegst höchstwahrscheinlich im Bett und fragst dich: „Warum bin ich hier?" und „Wer bin ich?" Dabei bekommst du vielleicht eine Ahnung, dass es doch so etwas wie „Geist" in deinem Leben geben könnte.
An dieser Stelle möchten wir gern einen weiteren Begriff definieren. Wenn wir das Wort „Seele" benutzen, sprechen wir von dem differenzierten Teil des Geistes, der durch deinen physischen Körper Erfahrungen sammelt. Wenn wir von „Geist" sprechen, meinen wir den Teil, der undifferenziert und ganz mit der Quelle verbunden ist.
In der zweiten Phase der Lichtkörper-Aktivierung werden also viertdimensionale Strukturen losgelassen, die die Drehzahl der Geometrien in deinem Emotional-, deinem Mentalkörper und deinem spirituellen Körper verändern. Du veränderst dich jetzt sehr schnell. Zumeist spürst du rein körperliche Symptome und bist vielleicht sehr müde.

Die dritte Lichtkörperebene

In dieser Phase werden deine physischen Sinne außergewöhnlich stark. So kann dich zum Beispiel der Geruch von Abfall über zwei Stockwerke hinweg verrückt machen. Alles scheint extrem fühlbar zu sein: Der Stuhl, auf dem du sitzt, oder die Kleidung, die du trägst, lenken dich ab, weil sie sich sinnlich anfühlen. Auf der dritten Lichtkörperebene entdecken die Menschen oft wieder die Freude am Sex. Dadurch kam es seit April 1989, als der Planet und seine Bewohner zur dritten Ebene aktiviert wurden, zu einem Anstieg der Geburtenrate.
Alles, was geschieht, ist im physischen Körper zentriert. Er beginnt sich zu einem, wie wir es nennen, „Bio-Transduktor-System" zu entwickeln. Dein Körper wurde dazu geschaffen, höhere Lichtenergie zu dekodieren und zu verarbeiten und sie außerdem auf den Planeten zu übertragen. Diese Aufgabe ist jedoch im Spiel der Getrenntheit verkümmert. Die Verstärkung der Körpersinne ist das erste Zeichen für das Erwachen deines Körpers zum „Bio-Transduktor".
Aus der Überseele ergießt sich undifferenziertes Licht in die fünftdimensionalen axiatonalen Linien. Aus den axiatonalen

Drehpunkt-Schnittstellen auf der Hautoberfläche bildet sich das fünftdimensionale, axiale Kreislaufsystem. Das axiale System dehnt sich dann in alle Körperzellen aus und aktiviert die dortigen Drehpunkte.
Auf der ersten und zweiten Lichtkörperebene wurde der Körper noch in Licht gebadet, wogegen jetzt, auf der dritten Ebene, in jede einzelne Zelle Licht durch das axiale System fokussiert wird.

Die Mitochondrien erkennen Licht nun als „Nahrung" an und produzieren mehr ATP. Da die Zelle Licht als verwertbare Energie erhält, verwandelt sich weniger ATP in ADP. Weil das axiale System Energie aus der Überseele in die zellulären Drehpunkte einspeist, produzieren diese Klang- und Lichtfrequenzen, die die atomare Drehzahl (besonders die der Wasserstoffatome) der Zellmoleküle verändert. Wenn sich die atomare Drehzahl der ATP-Moleküle erhöht, entstehen neue Aufgaben. Die drei Phosphatgruppen, die den Stiel der ATP-Moleküle bilden, werden zu Antennen für undifferenziertes Licht und der symmetrische Kopf des Moleküls wird zu einem Prisma, das Licht in ein feines Farbspektrum aufbricht, sodass es von den noch schlafenden DNS-Kodierungen genutzt werden kann.

Bevor der Lichtkörper aktiviert wurde, fungierte die RNS in den Zellen nur als Botschafter in eine Richtung. Sie trug Anweisungen der aktiven 7 Prozent der DNS in andere Teile der Zelle, so zum Beispiel den Befehl, welche Proteine zu synthetisieren seien.
Auf der dritten Lichtkörperebene wurde die RNS zum Botschafter in beide Richtungen. Nun konnte sie das Licht, das von der ATP-Antenne(-Prisma) in nutzbare Farbfrequenzen aufgebrochen wurde, zurück in die DNS-Stränge tragen. Mit jeder neuen Lichtkörperebene erwachen schlafende genetische Kodierungen und geben Informationen an die RNS weiter, die sie in den Rest der Zelle überträgt.

Das ist der neuen CD-Technik auf der Erde sehr ähnlich. Auf jeder CD können enorme Mengen an Informationen gespeichert werden. Stell dir vor, wie eine ungeheure Informationsmenge in einem roten Spektrum und eine ungeheure Datenmenge in einem blauen Spektrum gespeichert wird. Ein roter Laserstrahl tastet die Oberfläche ab und liest alle roten Informationen. Doch du weißt noch nichts vom blauen Spektrum. Nun gehst du aber mit einem blauen Laser über die CD und alle blauen Daten stehen zur Verfügung. Die Licht- bzw. Farbfrequenzen „lesen" die Informationen in der DNS auf ganz ähnliche Weise. Solange das Farbspektrum nicht übertragen ist, kannst du nicht wissen, was alles darin enthalten ist. Jede Lichtkörperebene besitzt ihre eigene Farb- bzw. Tonsignatur. So erreicht der Geist die langsame Veränderung des physischen Körpers.

Die „Einbahn"-DNS-zu-RNS-Informations-Übertragung und der ATP-ADP-Energiekreislauf waren geschlossene Systeme, die Degeneration sicherstellten. Die einzige wirklich mögliche Veränderung war der Verfall. Durch die Lichtkörper-Aktivierungen können sich neue, voll geöffnete Systeme entwickeln, die dem Körper unendliche Energie und unendliche Informationen zur Verfügung stellen. Zwischen deinem physischen Körper und dem Geist hat ein Dialog begonnen.

Auf den ersten beiden Lichtkörperebenen ist es noch möglich, den Prozess umzukehren, denn das ATP und die RNS haben die neuen Funktionen noch nicht erreicht. Ab der dritten Ebene ist bereits eine fortschreitende Mutation im Gange, die nicht mehr gestoppt werden kann. Das ist der Grund, warum die Bevölkerung dieses Planeten und der Planet selbst aktiviert wurden. Die Aktivierung zur dritten Lichtkörperebene geschah aus einem einfachen Grund: Damit der Prozess nicht gestört werden kann. Mit dieser Aktivierung wurde auch ein Verknüpfungspunkt zwischen diesem und den anderen aus der physischen Ebene aufsteigenden Planeten geschaffen, der sie alle in Synchronizität hält. Denn nicht nur dieser Planet steigt auf, sondern die gesamte Dimension und die gesamte Astralebene! Wenn das abgeschlossen ist, wird es keine physische und keine astrale Ebene mehr geben. Den gesamten Prozess bezeichnen wir als „Einatmen der Quelle".

In unserem Modell manifestiert die Quelle (der Eins-Punkt, Alles-Was-Ist, Gott) durch Ein- und Ausatmen von Schöpfungskraft –

und zwar durch sehr langsames Ausatmen und sehr schnelles Einatmen. Einmal hat uns ein Lichtarbeiter gefragt, warum es Milliarden von Jahren dauert, das Spiel zu dieser Ebene der Getrenntheit zu verdichten, um es dann innerhalb von zwanzig Jahren wieder völlig umzukehren. Stell dir vor, du seist das Eine und du würdest dich entscheiden, die Myriaden möglicher Facetten dessen zu erfahren, was du durch Ebenen fortschreitender Individuation sein kannst. Es ist wie ein dehnbares Gummiband. Du hast mehr und mehr Individuation erreicht, das Gummiband spannt sich mehr und mehr, bis ein Punkt kommt, an dem es seine maximale Ausdehnung erreicht hat. Du hast dich weitest möglich von deiner Einheit entfernt und die Spannung ist ungeheuer hoch. Du drehst dich also um und lässt das Gummiband – deine Getrenntheit – los. Was geschieht? Du schießt sehr schnell in deine Einheit zurück.
Auf diesem Planeten gibt es ein Spiel der Getrenntheit, das mittlerweile jeden möglichen Rollentausch und jede Interaktion durchprobiert hat. Jede karmische Beziehung, die erforscht werden kann, ist nun erforscht. Deshalb beginnt das Einatmen. Es ist Zeit, nach Hause zu gehen.
Was wir „Lichtarbeiter" nennen, sind Menschen, die hier in Übergangsteams bei diesem Prozess des Lichts assistieren. Deshalb seid ihr hier. Einige von euch waren während des gesamten Zyklus hier. Einige haben beim Aufbau dieses Spiels assistiert und sich entschlossen, hierzubleiben und zu sehen, wie es funktioniert. Wenn du Zeit als linear betrachten würdest, dann befändest du dich jenseits von ihr und allen parallelen Zeiten und aktiviertest und würdest selbst zu Licht. Ein Planet steigt nicht in einem einzigen Augenblick auf, sondern vom Augenblick seiner Erschaffung an. Und das ist der Grund, warum ihr so viele Leben hier hattet. Andere von euch kommen erst jetzt, um zu helfen, und das ist auch in Ordnung.

Die vierte Lichtkörperebene

Auf der vierten Lichtkörperebene trittst du in die sogenannten „mentalen Phasen" ein. Das löst eine massive Veränderung in der Chemie und im Elektromagnetismus deines Gehirns aus.

Wenn du an diesem Punkt noch Regulatorkristalle in deinem Ätherkörper hast, können diese sehr unangenehm werden. Kopfschmerzen, Anfälle, Seh- und Hörstörungen und Schmerzen im Brustbereich können die Folge sein.

Diese Kristalle verhindern, dass die Lichtlinien innerhalb der fünftdimensionalen Blaupause Verbindungen herstellen können. Die Schmerzen in der Brust entstehen, weil sich dein Herz im Lichtkörper-Prozess immer tieferen Ebenen öffnet. Wenn sich bestimmte Teile des Gehirns öffnen, beginnt sich dein gesamtes Seh- und Hörvermögen umzustellen. Auf dieser vierten Ebene beginnt ein ganz neues Funktionieren. Die Hirnhemisphären möchten beide gleichzeitig drauflos feuern, wenn da aber irgendetwas ist, was das aufhalten will, kann sich das recht scheußlich anfühlen. Die meisten Menschen spüren, dass sich etwas Elektrisches in ihrem Gehirn abspielt. Du kannst vielleicht wirklich fühlen, wie Elektrizität über die Kopfhaut und die Wirbelsäule den Körper herabfließt. Du bekommst die erste Kostprobe nicht linearen Denkens und das kann entweder erfreulich oder beängstigend sein. Du machst eine mentale Veränderung durch. Der Mentalkörper sagt zu sich selbst: „Na so was, anscheinend bin ich doch nicht der Boss."

Gewöhnlich taucht auf der vierten Lichtkörperebene jemand in deinem Leben auf, der sagt: „Das Wichtigste im Leben ist, dass du deinem Geist folgst, ohne zu zögern." Plötzlich sagt dein Mentalkörper: „Vielleicht hat etwas anderes die Kontrolle. So wie es aussieht, hab ich sie jedenfalls nicht." Dann beginnt er, sich selbst anders zu sehen, und er ist sich plötzlich nicht mehr so sicher, was real ist und was nicht. Dein Geist schickt jedenfalls viel gewaltigere, umfangreichere Bilder der Realität und Muster durch deine Energiekörper.

Auf der vierten Ebene bekommst du einen Eindruck davon, dass es Geist gibt. Plötzlich erhältst du Impulse aus bisher unbekannten Bereichen und du denkst, du solltest diesen Impulsen vielleicht folgen. Dein Mentalkörper ruft: „Augenblick mal! Was soll das?" Er will natürlich die Kontrolle über die Welt behalten und es ist ihm ein bisschen mulmig, denn er spürt, dass sich alles verändern wird. Alles, was er zuvor als „real" bezeichnet hat, verändert sich nun.

Vielleicht hast du Schübe von Telepathie oder Hellsichtigkeit. In fast jedem Menschen entsteht zu diesem Zeitpunkt Einfühlungsvermögen. Doch der Mentalkörper will alles unterdrücken. Er fühlt, dass es gefährlich ist, wenn sich der Emotionalkörper öffnet. Aus der Sichtweise des Mentalkörpers bringt der Emotionalkörper dich in Lebensgefahr. Schübe von Einfühlungsvermögen können sehr unangenehm sein und gleichzeitig auch sehr erheiternd. „Ich bin mit allem verbunden. Es gibt Menschen hier, die ich vielleicht früher schon mal gekannt habe. Ich kenne dich von irgendwoher. Du bist mir sehr vertraut." Vielleicht erahnst du, dass es einen Sinn hat, hier zu sein.

Die fünfte Lichtkörperebene

Auf dieser Ebene sagt der Mentalkörper: „Vielleicht versuche ich, dem Geist zu folgen. Ich weiß noch nicht, ob ich alles glauben soll, doch ich werde es versuchen." Dann beginnt er, nach Anhaltspunkten Ausschau zu halten.

Oft sehen sich Menschen selbst in einer Art von Vision bei anderen Tätigkeiten. Die Traumphasen verändern sich. Du kannst dich zunehmend an Träume erinnern. Einige Menschen erreichen auf der fünften Ebene sogar das luzide Träumen.

Plötzlich glauben einige Menschen, verrückt zu werden, denn sie machen Erfahrungen mit nicht linearen Gedankenprozessen. Ganz spontan, ohne auf ein Detail zu achten, erfassen sie plötzlich das Ganze. Aber dann sagt der Mentalkörper: „Augenblick mal, ich kann das nicht kontrollieren. Werden wir das überleben?" Er ist sich also nicht sicher, was hier geschieht. „Gibt es einen Geist? Ich glaube schon. Ich werde das besser mal herausfinden, sonst werden wir alle sterben müssen." Aus dem Mentalkörper werden sehr viele Überlebensmuster aufsteigen. Er beginnt, seine Bewegungen zu verändern und alte Muster über Bord zu werfen.

Ein anderer Teil von dir ist einfach wie ein glückliches kleines Kind, das ruft: „Hurra, wir gehen ins Licht!" Doch der Mentalkörper ist verdrießlich. Und so siehst du beide Seiten deiner selbst und merkst, dass du wohl eine Entscheidung treffen musst.
Langsam bekommst du eine Vorstellung davon, dass du mehr bist, als du bisher glaubtest. Der Mentalkörper sagt: „Aber nein, das stimmt nicht!", und knallt diese Tür wieder zu. Doch sie öffnet sich erneut. Du gehst durch einen Prozess, in dem sich alles öffnet und wieder verschließt, und das kann sich deprimierend anfühlen. Was der Geist aber wirklich braucht, ist, dass dein Mentalkörper die Kontrolle aufgibt. Nur so kannst du zu einem aktiv verkörperten Geist werden, der in jeder Dimension voll bewusst ist.

Auf der fünften Ebene wird dir auch bewusst, dass viele deiner Bilder der Realität gar nicht deine eigenen sind. Plötzlich wird dir klar: „Ich mache das genauso wie mein Vater. Mein Vater beschwerte sich viel und ich bin genauso. Das ist nicht meine Energie." Oder: „Mein Kind hat gerade die Milchflasche umgeworfen und ich schreie es an, genau wie meine Mutter mich angeschrien hat. Das ist nicht meine Energie. Das ist nicht, was ich wirklich will."
Dir wird bewusst, dass du Bilder von der Realität in dir trägst, die nicht deine eigenen sind. Dann beginnst du, mental auszusortieren und zu dich fragen: „Wer bin ich?"
Jeder Mensch speichert in seinem Energiefeld Bilder davon, wie die Dinge nun einmal sind. Sie kommen von Eltern und Großeltern, von Geschwistern, Freunden und Partnern. Das gesamte Bild wird ständig aktualisiert. Wenn dir bewusst wird, dass diese Bilder in deinem Energiefeld sitzen, kannst du dich von ihnen sehr eingeschränkt fühlen.

Nun fühlst du all die wunderbaren Veränderungen in deinem Körper und gleichzeitig bist du von diesen Bildern so vereinnahmt und wie in einem Glaskäfig gefangen. So beginnst du einen Klärungsprozess: „Ich nehme etwas hiervon, aber nichts davon, ein klein wenig von diesem und von jenem." Dadurch wird dir deine eigene Energie und das, was wirklich zu dir gehört, mehr und mehr bewusst. Und wenn du einen Gedanken oder ein Bild von etwas hast, brauchst du dich nur zu fragen: „Verhalte ich mich gerade wie mein Vater oder bin das wirklich ich?“ Anfangs kann es für manche Menschen etwas beängstigend sein, wenn sie sich zum ersten Mal im Spiegel anschauen und sagen: „Oh nein, ich werde wirklich wie meine Mutter, obwohl ich geschworen habe, niemals so zu sein wie sie.“ Doch diese Bilder werden sich aus deinen Feldern lösen.

Die sechste Lichtkörperebene

Auf dieser Ebene kannst du aktiv und bewusst Realitätsbilder aus deinen Feldern lösen. Ab hier bringt dich der Geist in Kontakt mit Menschen, die mit dem Lichtkörper-Prozess arbeiten. Vielleicht wirft der Geist sogar mit Büchern nach dir. Hast du schon einmal erlebt, dass du in einer Buchhandlung warst und dir Bücher aus Regalen zugefallen sind? Diese Erfahrung kannst du zu jeder Zeit machen. Es ist eine der Lieblingsmethoden des Geistes, um jemandem eine Leseempfehlung zu geben. So bekommst du andere Bilder von der Realität und neue Informationen. Du erwirbst größeres Verständnis von deiner eigenen Realität und wie du in ihr funktionierst.

Auf der fünften oder sechsten Lichtkörperebene beginnst du, Dinge als durchlässig zu empfinden. Vielleicht fühlst du in deiner Meditation, dass deine Hand durchlässig ist. Vielleicht hast du andere merkwürdige Erfahrungen, zum Beispiel, wenn du eine Wand berührst und sie nachzugeben scheint. Du hast vielleicht Schübe von multidimensionalem Empfinden, nicht linearem Denken und dem Gefühl, dass nichts mehr real ist. Das kann ein großer Schock für euch Mentalkörper-Typen sein, die immer alles in bester Ordnung haben wollen. Plötzlich seht ihr das ganze Bild. Dann müsst ihr zurückgehen und euch anschauen, wie ihr dahin gelangt seid. Einige von euch machen dabei sehr intensive Erfahrungen. Der Mentalkörper beginnt nun, auf ganz neue Weise zu erkennen.
Da die sechste Lichtkörperebene für die meisten Menschen sehr unangenehm ist, verlassen hier viele Menschen den Planeten. „Will ich wirklich hier sein? Möchte ich mir den ganzen Mist

wirklich anschauen? Möchte ich an diesem Prozess wirklich teilnehmen?" Viele Menschen entscheiden sich dagegen. Und das ist in Ordnung. Sie werden in einem anderen Leben durch diesen Prozess gehen. Wenn es uns gelingt, jemanden lebendig durch die fünfte und sechste Ebene zu bringen, ist der Rest einfach. Wer an diesem Punkt den Planeten nicht verlässt, wird höchstwahrscheinlich den ganzen Prozess durchmachen.

Sei nett zu deinen Mitmenschen. Das ist ein sehr schmerzhaftes Stadium, in dem das gesamte Identitätsempfinden neu strukturiert wird. Wenn du Menschen triffst, wirst du vielleicht gefragt: „Wie machst du das nur, du siehst einfach großartig aus!" Gib diesen Menschen die Information, dass der Planet ins Licht geht und wir uns in einem Aufstiegsprozess befinden. Gib ihnen ruhig eine Buchempfehlung. Oder sage ihnen, welche Menschen sie beraten könnten. Oder biete deine Telefonnummer an, damit der Betreffende darüber sprechen kann, wenn sie will. Unterstütze die Menschen um dich herum.

Für gewöhnlich erlebst du auf der sechsten Ebene eine Phase der Neubewertung, die sehr unangenehm sein kann. „Möchte ich hier sein? Möchte ich leben? Möchte ich spielen?" Das kann sehr tief gehen. Du hasst deinen Beruf, du hasst dein Leben, du hasst einfach alles und jeden gleichzeitig.
Auf der sechsten Ebene findest du auch, dass viele Menschen dein Leben verlassen. Wahrscheinlich änderst du deinen Beruf, heiratest oder lässt dich scheiden. Dein Freundeskreis verändert sich ganz und gar, dein gesamter Lebenssinn verändert sich und du wirst lernen, dich nicht vor Veränderung zu fürchten. Wenn du dich an diesem Punkt verschließt, kann dieser Prozess bis zu einem Jahr lang dauern und dein Leben mag in dieser Zeit recht unglücklich sein. Doch die meisten Menschen lernen recht schnell, sich zu entspannen und die Dinge um sich fließen zu lassen.
Neue Menschen treten in dein Leben, die weitaus besser auf die Aufgabe (die auch die deine ist) eingestimmt sind, als du es jemals selbst gewesen bist. Ihr seid in Arbeitsgruppen auf diesem Planeten und diese Menschen sind es, mit denen du arbeiten sollst. Dass Menschen, die aus karmischen Gründen in deinem

Leben waren, verschwinden, kann etwas beängstigend sein. Doch wenn du einen tiefen Atemzug tust und sagst: „Ich wünsche dir alles Gute und ein wunderbares Leben. Wir werden uns wiedersehen", wirst du feststellen, dass die Menschen, mit denen du hier sein sollst, ganz schnell in dein Leben treten. Das beschleunigt die ganze Sache und bringt viel Freude.

Zwischen der sechsten und siebten Lichtkörperebene machst du für gewöhnlich eine Erfahrung, die wir „Abstieg des Geistes" nennen. Das bedeutet, dass ein größerer, in höheren Dimensionen existierender Teil von dir in deinen Körper kommt. Dadurch verändert sich deine ganze Umgebung.
Du fühlst dich, als wärst du durch einen Tunnel gekommen. Vorher hattest du die Einstellung: „Vielleicht gibt es den Geist und vielleicht versuche ich, ihm zu folgen." Nun hast du sie verändert zu: „Ich weiß mit jeder Zelle meines Wesens, dass ich handelnder Geist auf diesem Planeten bin." Und jetzt beginnst du zu lernen, was es heißt, unermesslicher Geist zu sein. Mittlerweile ist etwa ein Drittel der Lichtkörper-Struktur in der ätherischen Blaupause aktiviert. Oft erfährst du dich selbst als strahlendes Licht, was sehr aufregend ist. Auf der sechsten Ebene des Lichtkörpers verändern sich oft die Augen der Menschen. Du kannst sehen, wie aus ihnen ein tieferes Licht strahlt.
Du und die Menschen in deiner Umgebung, ihr beginnt, auf eine nicht lineare Art wahrzunehmen, und ihr habt Schübe von Telepathie und von Kommunikation auf bisher unbewussten Ebenen. Zwar warst du schon immer telepathisch, hellsichtig und multidimensional, doch dein Mentalkörper und dein Gehirn haben das einfach ausgefiltert und unterdrückt. Die Jalousien werden also hochgezogen und du kannst erkennen, was schon immer da gewesen ist. Es wird einen Punkt geben, an dem sich die Dinge wieder normal anfühlen und es keine großen „Aaahs" mehr gibt. Es wird dann keine Glühbirne mehr durchbrennen, sondern nur noch ein „Ich bin hier. Ich bin. Ich bin ganz hier. Jetzt" geben. Dein Leben wird zu einem freudigen Tanz mit dem Geist.

Der gesamte Planet und seine Bewohner machen zurzeit eine tiefe Phase der Neubewertung durch. Die Polarisation der Energien geschieht auf immer höheren Ebenen, als ob die Lautstärke höher gedreht worden wäre. Die planetarische Polarisation wird intensiver. Ihr werdet sehen, dass ihr, die ihr den Himmel auf Erden lebt, Seite an Seite mit jenen steht, die die Hölle auf Erden haben.

Ich möchte gern daran erinnern, dass alle Wesen unermessliche, multidimensionale, göttliche Meister sind.

Wir bitten euch, Mitgefühl zu lernen, und das heißt auch, nicht ko-abhängig zu sein: „Lass mich für dich sorgen!" Mitgefühl bedeutet, dass man alles dafür tut, dass jemand den nächsten Schritt nach vorn gehen kann. Das kann manchmal auch bedeuten, jemandem sanft den Boden unter den Füßen wegzuziehen, oder es kann bedeuten, jemanden wachzurütteln oder ihn an seine Verantwortung zu erinnern. Und oft bedeutet es, jemanden in seiner Gesamtheit zu lieben. Mit allen erwachten und noch schlafenden Anteilen. Denke daran, dass sie im ersten Teil ihrer Mission eingeschlafen sind. Und respektiere jene, die gut geschlafen haben. Viele Lichtarbeiter haben Furcht vor schlafenden Menschen. Versuche langsam, dieses Feindbild abzubauen. Ganz natürlich wirst du einen Sinn für den Dienst am Geist und an allem Leben entwickeln. Es wird ekstatisch sein. Vergiss aber nicht, wie schwierig diese Zeit für viele Menschen war oder ist. Schau dir die Stufe der Neubewertung an und du wirst verstehen, warum wir von dieser Stufe sagen, dass sie bestimmt, ob jemand den Prozess durchläuft oder nicht. Das ist die Stelle, an der viele Menschen abspringen oder voll ins Programm einsteigen.

Die siebte Lichtkörperebene

Auf dieser Ebene betrittst du die emotionale Stufe des Lichtkörpers und konzentrierst dich darauf, dein Herzchakra auf immer tieferen Ebenen zu öffnen. Wenn du dich ins Herz hinein öffnest, wird sich ein Gefühl der Verbundenheit mit diesem Planeten einstellen, ein Gefühl, als ob du dich in die Erde verlieben würdest: „Wenn ich diesen Baum hier nicht umarme, werde ich verrückt. Ich muss ihn einfach umarmen." Auf der siebten Ebene wirst du eine Art Verspieltheit entwickeln und in deinem Handeln etwas kindlicher werden.

Falls du im Emotionalkörper Blockaden hast, werden sie an diesem Punkt hochkommen. Wenn du nämlich beginnst, deine Größe und deine Göttlichkeit auszudrücken, muss sich alles lösen, was diese blockiert. Manches davon macht Spaß, anderes nicht. Das hängt ganz davon ab, ob der Mentalkörper dich noch im Würgegriff hat. Wenn der Mentalkörper synchron läuft, geschieht das Loslassen für gewöhnlich schnell und leicht.

Du wirst feststellen, dass du noch emotionaler bist als früher. Wenn du liest, weinst du, wenn du wütend bist, schreist du, und wenn du froh bist, lachst du. Du drückst Ekstase aus. Du drückst jedes Gefühl aus, das gerade durch deinen Emotionalkörper fließt. Mehr denn je beginnst du, im Jetzt zu handeln. Du siehst, dass dein Mentalkörper im Karma-Spiel in der Zukunft, im „Was, wenn" lebt. Der Emotionalkörper lebt in der Vergangenheit und wird durch vergangene Erfahrungen angesprochen. So erfährst du wirklich selten die unmittelbare Gegenwart. Auf der siebten Lichtkörperebene beginnst du, das Jetzt zu erfahren. Zwischen deinen Feldern ist bereits genügend Synchronisation geschehen, sodass du für immer längere Phasen voll in der Gegenwart sein kannst. Und das fühlt sich wirklich gut an.

Wenn der Emotionalkörper seine alten Muster abwirft, kann das bedeuten, dass du deine Beziehungen zu vielen Menschen klären und abschließen musst. Da alle alten Bilder von der Realität aus dem Mentalkörper entlassen wurden und nun alle alten Anhaftungen im Emotionalkörper losgelassen werden, kann das dazu führen, dass sich deine Beziehungen zu anderen Menschen sehr schnell verändern. Auf der siebten, achten und neunten Lichtkörperebene entwickeln sich deine Beziehungen zu etwas, was wir „transpersonal" nennen. Das bedeutet, dass sie nicht auf persönlicher Anhaftung beruhen, sondern darauf, ob dein Geist dich dazu führt, mit einem Menschen zu einer bestimmten Zeit zusammen zu sein. Das ist eine ganz neue Form von Beziehung.

Wenn du dich auf der neunten Lichtkörperebene befindest, wirst du zumeist auf diese Art leben. Manchmal erscheinst du anderen Menschen kalt, da du keine emotionalen Haken besitzt und deshalb auch keine Intensität. „Ich kann dich nicht manipulieren. Ich kann dich nicht festbinden." Manche können dadurch sehr ungehalten werden. Das ist ein natürlicher Teil des Lichtkörper-Prozesses: Karmische Beziehungen werden zu nicht karmischen, auf Geist beruhenden Beziehungen.
In der siebten Lichtkörperebene öffnet sich das Herzchakra für eine noch tiefere Ebene, als das jemals zuvor der Fall war. Viele Menschen haben Schmerzen im Brustkorb und dabei handelt es sich höchstwahrscheinlich nicht um *Angina pectoris*. Dieser Schmerz fühlt sich nicht wie eine Herzattacke an, denn er befindet sich eher in der Körpermitte und strahlt nach außen. Es handelt sich hierbei um die Öffnung des Tores zum Herzchakra. Wenn du in einem meditativen Zustand bist und multidimensional werden willst, brauchst du nur durch dein eigenes Herzchakra zu gehen.
Auf diesem Planeten enthält das Herzchakra eine Membran, die wir „Tor von Eden" nennen. Ihr kennt sicher alle die Geschichte von Adam und Eva, die aus dem Garten Eden vertrieben wurden. Ein Engel stand mit einem Flammenschwert vor dem Tor, damit sie nicht mehr hineingehen konnten. Die Membran im Herzchakra ist dieses Tor und sie verhindert, dass du multidimensional werden kannst. Das heißt natürlich, dass das Spiel weitergehen kann. Nichts, was auf der physischen Ebene geschieht, kann über die Astralebene hinausgehen und dadurch auch keine weitere Ebene beeinflussen. Das ist möglich, da ein Teil des Herzchakras verschlossen und multidimensionale Erfahrung dadurch unmöglich ist. Diese Membran ist nun in jedem Menschen auf dem Planeten geöffnet. Das Herzchakra verändert seine Funktion und öffnet sich auf immer tieferen Ebenen. Durch das Herzchakra kannst du in alle Dimensionen reisen, denn sie existieren alle in dir. Das Herzchakra verändert seine Funktion und übernimmt gegenüber den anderen Chakren die Hauptrolle.
Meistens werden die Chakren als sich drehende Kegel beschrieben, die sich zum Zentrum hin verengen. Doch auch sie verändern sich. Zuerst werden sie kugelförmig und strahlen in alle

Richtungen gleichzeitig. Und wenn das Herzchakra einmal die Hauptrolle übernommen hat, wird sich alles öffnen, und die Chakren verschmelzen zu einem vereinigten Chakra, einem vereinigten Energiefeld. Das fühlt sich wunderbar an. Du kannst deinen Lichtkörper-Prozess unterstützen, indem du die Übung des vereinigten Chakras durchführst.

Durch die Unterstützung des vereinigten Chakras wird auch das Verschmelzen des Emotionalkörpers, des Mentalkörpers und des spirituellen Körpers gefördert. In der siebten Lichtkörperebene gehen die Chakren in einen bisher noch nicht da gewesenen Zustand der Vereinigung über. Und wenn dich plötzlich Überlebensängste oder blockierte Emotionen überkommen, wird dir nun klar werden, dass das nichts weiter bedeutet, als dass diese Felder aus der Einheit gefallen sind. Die Ängste sind nur Illusion, obwohl sie sich real anfühlen. Du musst jedoch nichts weiter tun, als die Chakren und die Felder wieder miteinander verschmelzen zu lassen, und die Angst wird verschwinden.

Das Vereinigen der Chakren ist für dein Wachstum in den Lichtkörper hinein wirklich wichtig, denn es ermöglicht den Umgang mit jeder noch so großen Energiemenge im physischen Körper, ohne Schaden anzurichten. Es wird Augenblicke geben, in denen du einen größeren Teil von dir selbst erfährst, und wenn du dich dann nicht in einem vereinigten Feld bewegst, wird es dir vorkommen, als hättest du deine Finger in eine Steckdose gesteckt und eine Ladung von 400 Volt abbekommen, obwohl du nur 20 Volt verkraften kannst. Wenn du das vereinigte Chakra einsetzt, wird das nicht mehr geschehen. Du kannst dann jede Energiemenge auf jeder Ebene verkraften.
Die Zirbeldrüse und die Hypophyse öffnen sich auf der siebten Lichtkörperebene und vielleicht fühlst du hinter der Stirn oder im Hinterkopf einen Druck. Sobald die Hypophyse auf ihrer höchsten Ebene arbeitet, wirst du weder altern noch sterben. Deshalb sehen die Menschen ab der siebten Lichtkörperebene wirklich jung aus. Die Energie um ihr Gesicht herum verändert sich und Falten verschwinden. Die Zirbeldrüse arbeitet auf multidimensionale Weise. Eine der berichteten Empfindungen ist

ein scharfer Schmerz im oberen Teil des Kopfes. Die meisten von euch haben vom dritten Auge gehört. Nun, es gibt auch ein viertes Auge auf der Krone des Kopfes. Es ist zuständig für die multidimensionale Sicht. Seine genaue Position ist die weiche Stelle, die bei den meisten von euch nie richtig hart geworden ist. Bei einigen von euch öffnet sich dieses Auge leicht, wenn die Zeit dafür gekommen ist. Bei anderen kann es sich anfühlen, als wolle es sich öffnen, doch es stößt gegen eine Barriere. Dabei kann es sich um eine Struktur im Ätherkörper handeln. Wenn diese entfernt ist, öffnet sich das Auge problemlos.

Du beginnst, recht ungewöhnliche Erfahrungen zu machen. Es könnte sein, dass du dir deiner selbst in anderen Dimensionen bewusst bist oder dass du bewusst spürst, dass du gleichzeitig in anderen Körpern auf dem Planeten bist. Wir bezeichnen das als „Begleitumstände". Die meisten von euch besitzen zwölf von euch, und zwar in anderen Körpern in dieser Parallelrealität, auf diesem Planeten. Und diese Leben sind grundlegend anders als das, was du gerade selbst lebst. Du wirst dir also der Leben in den anderen Körpern etwas bewusster werden. Wenn das geschieht, werden die meisten denken, dass sie sich an ein vergangenes Leben erinnern, und das wird zum Teil auch stimmen. Doch meistens werden sich diese Menschen ihrer selbst in dieser Parallelrealität bewusst. Viele von euch haben Inkarnationen in Wal- oder Delphinkörpern. Möglicherweise hast du Visionen davon, dass du im Wasser bist, oder du fühlst ein Fließen durch deinen Körper hindurch und um ihn herum, das du in deiner menschlichen Form nicht erleben kannst. Natürlich sind Delphine und Wale eine andere, individuell beseelte Spezies, doch sind auch sie Lichtarbeiter. Sie manifestieren die Gruppengeist-Gitter dieses Planeten.
Auf der siebten Lichtkörperebene handeln die meisten Wesen in ihrem Bewusstsein zumeist viertdimensional. „Ich werde nicht nur morgen aufsteigen, sondern ich werde auch noch den Planeten und euch kleine Dummköpfe da draußen heilen. Und ich mache das mit links! Ich werde euch alle ins Licht schleppen und vor euch selbst, vor eurem Karma und vor allen dunklen Mächten schützen." Menschen in der siebten Lichtkörperebene besitzen für gewöhnlich eine Identität als Heiler, als Erwecker oder

als Mensch, der sich selbst, andere oder den Planeten errettet. Eigentlich sind sie handelnde karmische Monaden. Es dauert ein wenig, sich darüber klar zu werden, dass zahlreiche Teile deiner selbst noch immer in Dualität leben. Du musst also voraussetzen, dass der Planet oder die Menschen krank sind, damit du sie heilen kannst. Oder verloren, damit du sie erretten kannst, oder unbewusst, damit du sie erwecken kannst.
Auf der siebten Ebene entwickelst du das Wissen, dass alle Wesen ungeheure, multidimensionale Meister sind. Sie mögen Göttlichkeit erforschende Meister oder Beschränkung erforschende Meister sein. Doch in jedem Fall sind sie Meister. Jeder Mensch tut genau das, was er zu tun wünscht. Für einen Menschen, der ein Leben führt, in dem er jeden Einzelnen um sich herum geschützt und umsorgt hat, kann dieses Wissen eine tiefe Befreiung sein. Denn dank dieses Wissens ist es plötzlich in Ordnung, anderen Menschen ihre Prozesse zu gestatten.

Das ist eine Zeit, in der sich die meisten Wesen eine erstaunliche Menge an spiritueller Bedeutung geben oder spirituellen Ehrgeiz entwickeln. Im physischen Körper sind die Bilder der Realität über die völlige Abtrennung von Gott in tiefen Scham- und Schuldgefühlen gefangen. Wenn Menschen beginnen, eine Ahnung davon zu bekommen, wer sie auf multidimensionaler Ebene wirklich sind, ohne dabei jedoch völlig im physischen Körper integriert zu sein, werden sie versuchen, diese Bilder der Realität zu verneinen. Menschen nehmen leicht „spirituelle" Formen und Regeln an. Sie versuchen, die „richtigen" spirituellen Dinge zu sagen, zu tragen und zu tun, die „richtige" Nahrung zu essen und dabei alle Teile von sich selbst oder von anderen zu unterdrücken, die diesen Idealen nicht entsprechen. Der Mentalkörper ist daran gewöhnt, Formen und Regeln einzuhalten, und er strengt sich sehr an, eine Form zu finden, in der er dem Geist folgen kann.
Spiritueller Hochmut ist eine Abwehrreaktion des Mentalkörpers auf Gefühle von Scham und Unwürdigkeit, die im physischen Körper festgehalten werden. „Ich bin spirituell fortgeschritten (und du bist es nicht). Ich bin einer der 144.000 Regenbogenkrieger (und du bist es nicht). Ich werde nächsten Samstag aufsteigen (und du wirst es nicht). Ich komme in den

Himmel (und du nicht)." Spiritueller Hochmut schließt andere durch seine Natur aus.

Spiritueller Ehrgeiz ist eine Abwehrreaktion des Mentalkörpers auf Gefühle von Schuld und Unfähigkeit, die im physischen Körper festgehalten werden. Menschen, die sich darin vertieft haben, werden sich oft in die totale Erschöpfung treiben und versuchen, andere Menschen auf ähnliche Weise zu beeinflussen. Alles darf nur „das Beste", „das Höchste", „das Fortgeschrittenste" sein. Oft betrachtet ein solcher Mensch bereits eine andere Meinung oder die Andeutung, dass sie vielleicht etwas nicht weiß, als Angriff auf ihre Meisterschaft. Das drückt sich in nörgelnder Unzufriedenheit und Schuldzuweisungen aus: „Ich habe diese wunderbare Vision, und wenn du auf mich hören würdest, könnte ich meine göttliche Bestimmung ausführen. Es ist nur deine Schuld, dass ich den Himmel auf Erden nicht leben kann." „Dein Mangelbewusstsein blockiert den göttlichen Fluss. Es ist nur deine Schuld, dass ich pleite bin." „Warum hast du das in deiner Realität erschaffen? (Bitte leugne, was genau vor sich geht, damit ich ein ruhiges Gewissen haben kann. Du kannst also nur dir selbst die Schuld zuschreiben.)"

Spiritueller Hochmut und Ehrgeiz sind starke Ego-Abwehrreaktionen. Wenn der Geist mehr und mehr offenbart, wer du als göttlicher und multidimensionaler Meister wirklich bist, wollen Mentalkörper und spiritueller Körper das als persönliche Wahrheit umarmen, indem sie sich daran haften. Der physische Körper beachtet die Enthüllungen kaum oder glaubt sie nicht. Jeder in der siebten, achten oder neunten Ebene steckt für eine Weile in diesen Abwehrreaktionen.

In der siebten Lichtkörperebene fallen viele Menschen in ein Muster manischer Depression. Einmal erklären sie: „Ich bin ein göttliches, multidimensionales Wesen!", und in der nächsten Minute verkünden sie ihre Unwürdigkeit: „Mir gelingt auch gar nichts!" Sie pendeln zwischen den Gefühlen multidimensionaler Einheit und Getrenntheit, die im physischen Körper festgehalten werden. Das Paradox, einerseits so unermesslich und andererseits doch in einem so begrenzten physischen Körper zu sein, stellt nichts anderes als ein Wunder dar. Zwischen den beiden Extremen hin und her zu pendeln ist ein Versuch, das Paradox zu lösen. Doch das funktioniert so nicht. Versuche, beide Pole gleichzeitig zu halten. Erlaube beiden, gegenwärtig zu sein. Gegen Ende der siebten Ebene, spätestens aber irgendwann auf der neunten Lichtkörperebene, beginnen die Menschen, diesen Prozess zu verstehen, und erleben das Leben im Zentrum des Paradoxes als ekstatisch.

Du hast begonnen, dem Geist zu folgen. Auf der siebten Ebene wirst du spüren, dass du aufholst. Du beginnst, im täglichen Leben aus dem Geist heraus zu handeln. Du stellst fest, dass Überlebensängste kommen und gehen. Du hast Tage, an denen du kindlich bist und mit allem gut zurechtkommst, und Tage, an denen du im Sumpf der Ängste und des Überlebens festhängst. Du fühlst dich, als gäbe es zwei von dir. Während du durch diese Lichtkörperebenen fortschreitest, wirst du feststellen, dass die Dualität wegfällt und du mehr und mehr Zeit in Ekstase verbringst. Und du wirst feststellen, dass du in diesem Zustand funktionieren kannst.

Eine der Hauptängste des Mentalkörpers während dieses Übergangs ist: „Wenn ich ein multidimensionales Wesen geworden bin, werde ich nicht mehr auf der physischen Ebene funktionieren können." Du spürst, wie du dir immer länger deiner selbst in anderen Dimensionen und anderen Körpern auf diesem Planeten bewusst bist. Das ist in Ordnung. Du kannst in diesem Zustand gut funktionieren. Es braucht vielleicht ein wenig Übung.

Du wirst mehr und mehr aktiviert. Deine ganze Wahrnehmungsfähigkeit verändert sich und in deinen Meditationen nimmst du dich selbst in anderen Dimensionen wahr. Du erfährst dich vielleicht sogar in anderen Körpern auf diesem Planeten. Vielleicht hast du Schübe, in denen du so sehr im Jetzt bist, dass du in allen Jetzt gleichzeitig bist und dich in simultaner Zeit aufhältst. Wenn das geschieht, ist es recht aufregend, denn dadurch wirst du dir der Wahrscheinlichkeit und der Möglichkeit all dessen bewusst, was du tust. Du siehst, wie all diese Kraftlinien von dir ausgehen. Du wirst dir deiner Verbindungen mit anderen Menschen bewusster und dir wird klar, wie tief deine Verbindung mit dem Geist in jedem einzelnen Augenblick ist.

Wir haben immer wieder bemerkt, dass das vorherrschende Gefühl in der siebten Lichtkörperebene ist: „Morgen werde ich aufsteigen, dann bin ich weg von hier." Du bist nun schon an Teile deiner selbst angeschlossen, die bereits aufgestiegen sind, Teile deines zukünftigen Selbst. Und das bewirkt, dass es dir leichter gemacht wird, fortzuschreiten. Du schaust dir alles in deinem Leben an und findest heraus, was dir wirklich wichtig ist: „Da ich sowieso bald weg bin, kann ich auch gleich tun, was ich will. Ich kann genauso gut Spaß haben. Ich kann genauso gut das tun, was mein Herz singen lässt."

Du lernst, was dein Herz singen lässt und was du wirklich gern tun willst. Wenn du auf die achte Lichtkörperebene gehst, wirst du herausfinden, dass all das direkt mit deiner göttlichen Aufgabe auf diesem Planeten zu tun hat und dass du Teil des Plans bist. Auf der achten Ebene wird dir bewusst: „Ich bin ja doch noch eine Weile hier und habe auch noch eine lange Wegstrecke vor mir." Du wirst ein tieferes Verständnis für Dienst und Aufgabe erlangen und alles tun wollen, um diesem Planeten ins Licht zu helfen.

Die achte Lichtkörperebene

Die bisher erbsengroße Hypophyse und Zirbeldrüse wachsen auf dieser Ebene und verändern ihre Form. Während ihres Wachstums wirst du manchmal ein Druckgefühl im Kopf verspüren. Wenn du dann Kopfschmerzen hast, denke daran, dass das „Du" in den höheren Dimensionen, das dich bei dieser Mutation unterstützt, keine Schmerzen empfinden kann. Sage dir in der fünften und sechsten Dimension: „Hey, ich habe Schmerzen. Können wir das etwas langsamer angehen?" Dann sage: „Bitte setze Endorphine frei." Endorphine sind natürliche Gehirn-Opiate, die Schmerzen lindern. Einige von euch werden für ein bis eineinhalb Monate leichte Kopfschmerzen haben.

Andere werden für vierundzwanzig Stunden schwerere Kopfschmerzen verspüren und es dann hinter sich haben. Finde heraus, was dir hilft, denn in diesem Prozess wächst dein Gehirn tatsächlich. Womöglich wirst du die Ausdehnung auch spüren. Wir haben schon gesehen, dass sich bei einigen Menschen die Form des Schädels völlig verändert hat, besonders, wenn sich die Hypophyse und die Zirbeldrüse öffnen und wachsen. Wenn deine Zirbeldrüse wächst, fühlt sich das manchmal an, als würde jemand von innen mit einem Finger gegen die Stelle zwischen den Augenbrauen drücken. Wenn deine Hypophyse wächst, hast du vielleicht ein Druckgefühl im Hinterkopf.

Sobald du dich zur achten Lichtkörperebene bewegst, werden die sogenannten „Saatkristalle" aktiviert. Diese drei kleinen Kristalle empfangen Lichtsprachen aus den höheren Dimensionen. Zwei von ihnen befinden sich über deinen Augenbrauen direkt über der Pupille, wenn du genau geradeaus schaust. Der dritte befindet sich direkt unter dem Haaransatz in einer Linie mit der Nase.

Außerdem wird auch der etwa drei Zentimeter über dem Ohr befindliche Empfängerkristall der Aufzeichnungszelle aktiviert. In den höheren Dimensionen existiert eine Struktur, die „Aufzeichnungszelle" genannt wird. Sie enthält riesige Mengen an Informationen, die von der Seele während vieler Inkarnationszyklen auf verschiedenen Planeten und Sternen gesammelt wurden. Ab und zu sendet die Aufzeichnungszelle Teile der Erfahrungsdaten zum Empfängerkristall. Wenn das geschieht, fühlen viele Menschen ein Kribbeln, Brennen oder eine flüssige Empfindung im Bereich des Kopfes, wo der Kristall sitzt. Plötzlich besitzt du all diese Informationen und weißt gar nicht, wo sie hergekommen sind.

Das achte, neunte und zehnte Chakra werden aktiviert. Die drei bis fünf kristallinen Schablonen im achten Chakra richten sich neu aus, wodurch sich die bisherige Bewegung deiner Energiekörper in eine spiralenförmige verwandelt. Du klinkst dich auch in den multidimensionalen Verstand ein und empfängst das, was wir „Lichtsprachen" nennen.

Die geöffneten Hypophyse und Zirbeldrüse arbeiten zusammen und bilden das, was als „Bundeslade" bekannt ist. Es handelt sich dabei um ein Regenbogenlicht, das einen Bogen oberhalb des Kopfes vom vierten zum dritten Auge schlägt. Das ist einer der Entschlüsselungsmechanismen für höherdimensionale Sprachen.

Deine Gehirntätigkeit verändert sich und du beginnst, in Geometrie und Tönen zu denken, und deine Wahrnehmung stellt sich entsprechend um. Das kann bisweilen etwas irritierend sein, denn für gewöhnlich ist keine Übersetzung verfügbar. Du fühlst vielleicht, dass du dich mit den Menschen in deiner Umgebung nicht mehr verständigen kannst, da du für deine Erfahrungen keine Worte findest.

Es ist durchaus normal, wenn Menschen auf der achten Lichtkörperebene heimlich befürchten, Alzheimer zu haben. Sie erinnern sich nicht, was sie zum Frühstück hatten, oder projizieren in die Zukunft. Und das kann sehr ernst sein. Ein anderes übliches Phänomen ist, dass du scheinbar keine Sätze zusammenbekommst oder dass du glaubst, die anderen sprechen eine fremde Sprache. Ein guter Witz über die achte Ebene ist: „Warum musste ich die 5 Prozent meiner Gehirnfunktion verlieren, bevor ich die restlichen 95 Prozent habe?" Solange in deinem Gehirn neue Pfade geschaffen werden, können die Pfade, die du gewöhnlich benutzt, völlig unzugänglich werden. Es kann sein, dass du Töne hörst und in deinem Kopf Licht, Farbe, geometrische Formen und Bewegungen wahrnimmst. Du siehst vielleicht flammende hebräische Buchstaben, Hieroglyphen oder Dinge, die wie Gleichungen aussehen.

Hierbei handelt es sich um Kodierungen, um Kommunikation des Geistes. Anfangs hast du vielleicht noch keine Ahnung, was dir übermittelt wird. Du fühlst nur, dass etwas übermittelt wird. Wenn das geschieht, vereinige deine Chakren und bitte um eine Übersetzungshilfe. Es kann sein, dass du öfters darum bitten musst, doch das ist in Ordnung so. Die Übersetzung wird kurz vor dem Übergang zur neunten Ebene erstellt. Und dann sind alle Informationen, die der Geist während dieser Periode übermittelt hat, plötzlich verbal verfügbar.

Das ist der Punkt der Heimkehr. So lässt es sich am besten beschreiben. Du schließt dich an deinen multidimensionalen Verstand an. Die Tatsache, dass du ein ungeheures, multidimensionales Wesen bist, ist nun unleugbar und auf jeder Ebene real. Du wirst dir deiner eigenen Größe bewusst. Viele Menschen bewegen sich durch die anderen Lichtkörperebenen und sagen: „Oh weh, ich hoffe, dass das real ist." Auf dieser Ebene ist es nun so wundervoll, erkennen zu können, dass der Prozess in der Tat real ist.

Jetzt wirst du dir auch bewusst, dass du überall sein kannst, wo du sein willst, und alles tun kannst, was du tun willst. Die letzten Rudimente der Verpflichtungen fallen ab. Was immer du machst, tust du, weil du vom Geist geführt bist. Nie wieder wirst du einen anderen Grund brauchen. Du handelst, ohne Gründe oder Verständnis zu brauchen. Mit jedem Atemzug und jedem Schritt folgst du deiner Führung. Du sagst: „Ich tue dies, weil ich es so will", und nicht „Ich tue dies, weil ich es tun muss oder es von mir erwartet wird oder weil ich gesagt habe, dass ich es tue". Deine Kommunikation mit anderen Menschen erreicht eine ganz neue Ebene. Wir nennen sie „transpersonal". Du hast mit jemandem zu tun, weil dich der Geist dazu anleitet. Du sprichst mit jemandem und die Worte kommen aus dem Geist.

Auf dieser Stufe wissen viele Menschen nicht, was sie mit dir anfangen sollen, denn deine Felder haben sich völlig verändert. All die Tetraeder, an die sie sich früher hängen konnten, sind nicht mehr in der gewohnten Stellung. Die Menschen, die sich mit dir auf der Ebene von Zwang, Manipulation oder Ko-Abhängigkeit verbinden wollen, verschwinden nun sehr schnell aus deinem Leben. Da du nicht mehr auf dieser Ebene arbeitest, ist eine solche Verbindung mit dir nicht mehr möglich. Du bleibst mit deinem Geist verbunden. Es fließt nun eine tiefere Ruhe und Gelassenheit durch dich und du befindest dich in einer erhöhten und dauerhafteren Ekstase. Du bleibst auch in deinem Körper und manifestierst durch ihn deine Multidimensionalität.

In der achten Lichtkörperebene öffnest du dein Bewusstsein nicht nur in die Dimensionen hinein, sondern auch über die Pa-

rallelen hinweg. Es wird dir möglich, deine Energie in Multirealitäten zu koordinieren. Anfangs ist es vielleicht irritierend, doch mit der Zeit wird es Spaß machen.
Alles, was du sagst oder tust, ist völlig vom Geist geführt. Das verändert die Art, in der du dich auf deine Umwelt beziehst, vollkommen. Dadurch werden sich deine zwischenmenschlichen Beziehungen sehr schnell verändern. Völlig neue Ängste können hochkommen: „Werde ich jemals wieder Sex haben?" oder „Werde ich jemals wieder einen Beruf ausüben können?" Manchmal ist die Antwort darauf ein großes „Nein!".

Die achte Ebene ist die am stärksten transformierende Ebene. Die meisten von euch machen sie sehr schnell durch und haben dabei vielleicht manchmal das Gefühl, verrückt zu werden. So könnt ihr euch dabei ertappen, wie ihr plötzlich in Reimen oder rückwärts sprecht, oder dabei, dass ihr vielleicht gar nicht mehr sprechen könnt. Sobald ihr euch den neuen Sprachen öffnet und sie auf eure Felder und Zellstruktur einwirken können, wird eine Übersetzung möglich sein. Die neuen Sprachen dringen buchstäblich in die DNS ein. An diesem Punkt übermittelt euer Geist Kodierungen. Es findet auch eine Mutation des Nervensystems statt. Euer Nervensystem wird etwas „aufgefrischt", um mit diesen neuen Informationsebenen umgehen zu können. Das Sehen mag verschwommen sein und in den Ohren können so laute Geräusche auftreten, dass ihr nicht mehr richtig hören könnt. Die Nerven der Ohren und Augen und überhaupt aller Sinne müssen nun mehr Informationen verarbeiten als jemals zuvor. Bisweilen wird das Gehirn also etwas durcheinander sein. Habt Geduld mit euch selbst und mit den Menschen in eurer Umgebung. Verliert nicht euren Humor, denn es wird Tage geben, an denen es sehr lustig wird.
Auf der achten Lichtkörperebene kommt es auch öfters zu Herzklopfen und Herzrhythmusstörungen. Die Ursache hierfür ist das innere, fünftdimensionale Kreislaufsystem (das Axialsystem), das sich neu ausrichtet und deinem Herzen vielleicht duale elektrische Impulse sendet. Das dauert an, bis das Axialsystem und das Nervensystem ihre Funktionen miteinander verschmelzen und das Herz aufgrund der Impulse aus dem Axialsystem arbeitet. Die achte Ebene ist wirklich sehr aufregend.

Wenn 95 Prozent der Lichtarbeiter auf der achten Ebene wären, würden sie sich gemeinsam in den Gruppengeist einklinken und völlig neue Programme für den Dienst am Planeten hervorbringen können. Es wäre, als würde für die gesamte Spezies eine Schnellstraße zur Quelle gebaut werden.

Die neunte Lichtkörperebene

Wenn du dich zur neunten Ebene bewegst, beginnst du, Tonsprachen zu verstehen, da du Zugang zu Übersetzungen bekommst. Die geometrischen Formen und Muster, mit denen du bereits in deinem Geist gearbeitet hast, werden kohärent, d.h., sie sind eine Sprache. Einige von euch erfahren „Hieroglyphen" oder „Morse-Codes". Das sind alles Arten sechstdimensionaler Lichtsprachen. Dein Geist benutzt sie, um die sechstdimensionale Struktur deiner Blaupause in eine neue Schablone für deinen fünftdimensionalen Lichtkörper zu verwandeln.

Du beginnst, Göttlichkeit zu verkörpern. Die siebtdimensionale Schwelle wird aktiviert, was Rücken- und Hüftschmerzen oder ein Gefühl von Dichte auf dem Beckenboden verursachen kann. Die siebtdimensionalen Strukturen richten sich auf deine Überseele aus. Neue Alpha/Omega-Strukturen öffnen sich um den physischen Körper, wodurch mehr Energie einfließen kann. Aufgrund der siebtdimensionalen Ausrichtung auf die Überseele werden die fünft- und sechstdimensionalen ätherischen Strukturen so koordiniert, dass sie ein neues, göttliches Bild des Adam Kadmon empfangen können. An diesem Punkt wirst du wahrscheinlich Veränderungen an deinem Körper bemerken. Du hältst dich selbst für größer oder dünner oder dicker oder es wachsen dir Flügel. Es wird dir bewusst werden, dass dein Körpertypus anders als der eines Menschen ist, und du beginnst, nicht menschliche Identitäten in deine menschliche Identität zu integrieren. Das ist ein sehr wichtiger Punkt für alle Ebenen deines Seins.

Du übersetzt nun die Lichtsprachen direkt und bist dir selbst in anderen Dimensionen bewusst, innerhalb welchen Modells auch immer. Auch wirst du dir der Kristallstrukturen bewusst, die alles miteinander verbinden. Dir wird mehr und mehr gleichgültig, was andere von dir persönlich halten. Es zählt nur noch, wie du den Geist mit jedem Atemzug und jedem Schritt ausdrücken kannst. Wen interessiert schon, was die anderen denken? Sie werden aufwachen, denn auch sie machen diese Entwicklung durch. Denke daran, bei diesem Prozess hat man keine Wahl. Wer inkarniert ist, mutiert.

Die Hypophyse öffnet sich noch weiter und produziert mehr Wachstumshormone, wodurch bei manchen Frauen ein Ungleichgewicht im Östrogenhaushalt verursacht werden kann. Sie fühlen sich vielleicht erschöpft, depressiv und sich selbst fremd. Ihre Regel kann unregelmäßig werden und ihr Fluss kann sich verändern.

Die neunte Lichtkörperebene ist also eine sehr kraftvolle Veränderung in Richtung deines multidimensionalen Selbst. Der Meister, der du bist, manifestiert sich jetzt auf diesem Planeten. Wir sehen euch alle als Meister. Jeder ist ein Meister. Ihr seid auf diesen Planeten gekommen, um die Beschränkungen der Getrenntheit zu meistern. Das Spiel bewegt sich nun in die Phase, in der ihr wirklich zu diesen ungeheuren Wesen werdet, die ihr eigentlich seid. Wenn wir euch betrachten, kennen wir euch auf jeder Ebene eurer Existenz. Ihr könnt euch kaum vorstellen, was für einen Energie- und Kraftaufwand es bedeutet, euch so beschränkt und abgeschottet zu halten. Nun muss sich niemand mehr etwas vormachen. Ihr habt die Genehmigung und Unterstützung, eure Göttlichkeit zu manifestieren.

Zu Beginn und zum Ende der neunten Ebene findet ein massiver Abstieg statt. Auf der dritten, sechsten und neunten Ebene durchlauft ihr eine starke Neubewertung. Die auf der neunten Ebene ist die schwierigste, denn jetzt ist die stärkste Hingabe an den Geist vorhanden. Du wirst entdecken, dass du auf persönlicher Ebene über absolut nichts mehr die Kontrolle hast. Du verstehst, dass du schon immer ein göttliches Instrument gewesen bist. Du bist „handelnder Geist". Dein Geist bestimmt dein Einkommen, die Richtung, in die deine Arbeit verläuft, und ob du überhaupt arbeitest. Geist entwirft alles für dich: Du bist ein göttliches Instrument. Das ist die Auflösung des Ego-Selbst, das letzte Durchschreiten des Tors des Erwachens.

Das kann gleichzeitig die ekstatischste und schmerzvollste Erfahrung sein. Die meisten von euch haben viele Leben lang auf diesen Punkt hingearbeitet. Und wenn du schließlich vor dem Tor stehst, hast du Angst. Die Ekstase, die auf der anderen Seite des Tores existiert, kann in dieser Sprache nicht beschrieben werden. Ich werde gerade durch einen menschlichen Körper gechannelt, doch lebe ich immer in dieser Ekstase. Niemals bin ich von der Quelle getrennt: Ich bin die Quelle! Das ist, was jedem von euch angeboten wird. Doch ihr müsst euch mit jeder Ebene eures Seins hingeben. Auf der neunten Lichtkörperebene findet diese Hingabe und Ekstase statt.

Von einer anderen Ebene aus betrachtet, ist der sogenannte „freie Wille" eine Illusion. Die völlige Desillusionierung ist ein wichtiger Teil des Lichtkörper-Prozesses, denn sie bedeutet das letztendliche Loslassen des „Ich-Selbst" (so wie du es verstehst). Wir sehen das so, dass dein Mental-, dein Emotionalkörper und dein spiritueller Körper **ausschließlich** Werkzeuge des Geistes sind und kein eigenes Bewusstsein besitzen. Es ist Teil der Illusion der Getrenntheit, dass das Ego-Selbst Kontrolle besitzt. Das ist unsere Sichtweise und es ist völlig in Ordnung, wenn du uns nicht zustimmst. Zurzeit sind die meisten von euch in der neunten Lichtkörperebene und der Geist drängt euch mehr und mehr zum Tor des Erwachens. Ihr erfahrt bereits die Auflösung eurer Identität und eures gewohnten Kontexts. Lasst es zu. Gebt euch hin. Nur Widerstand schmerzt.

Folge dem Geist mit jedem Atemzug und mit jedem Schritt. Lebe deine Größe hier, und du wirst immer dort sein, wo du sein musst, mit denen zusammen sein, mit denen du zusammen sein musst, und immer nur das tun, was du in jedem Jetzt -Punkt tun musst. Überlebensängste fallen ab, da sie unwichtig werden. Wenn du manifestierst, wer du wirklich bist und was du hier zu tun hast, verlieren all die kleinen Illusionen ihre Wichtigkeit und ihre Realität. Ängste können zwar immer noch hochkommen, denn du lebst ja noch in dieser Welt, doch nun ist es dir möglich, sie einfach unbeachtet zu lassen. Auf der dritten, sechsten und neunten Ebene klinkst du dich aus der allgemeinen Realität aus. Wenn du dich wieder einklinkst, wirst du das als schmerzhaft empfinden.

Auf der dritten, sechsten und neunten Ebene bemerkst du, dass du auf eine ganz neue Art Licht ausstrahlst. Deine Augen sind sehr klar und unterscheiden sich von denen anderer Menschen. Menschen werden auf dich zukommen und sagen: „Du siehst so glücklich aus." Denke daran, dass die Menschen vor der Hingabe schreckliche Angst haben. Antworte ihnen: „Ich folge meinem Geist, ohne zu zögern. Das ist der Grund, warum ich mit Ekstase und Freude erfüllt bin. Ich würde dir vorschlagen, ebenfalls diesen Weg zu gehen." Das ist wirklich das einfachste, was du sagen kannst.

Einige von euch sind vielleicht von Menschen umgeben, die im „Was ist, wenn"-Syndrom stecken. „Was ist, wenn der Polsprung kommt und wir alle zum Pluto müssen?" oder „Was ist, wenn Frankfurt zu einer Küstenstadt wird?" oder „Was ist, wenn wir von einer außerirdischen Eidechsenrasse kontrolliert werden und ihr nur als Nahrungsnachschub dienen?" Du bist von all diesen verrückten „Was ist, wenn" umgeben und manchmal werden einzelne Menschen ausflippen. Bleibe zentriert und du wirst genau wissen, was du sagen sollst.

Auf der siebten Lichtkörperebene haben viele Menschen das Gefühl, dass sie morgen aufsteigen werden. Ashtar wird kommen, sie auf sein Schiff nehmen und von hier wegbringen. Die Ursache hierfür ist, dass eine Verbindung zwischen dem „Du" im Körper und dem „Du" im Lichtkörper hergestellt worden ist. Linear betrachtet, ist dieses „Du" im Lichtkörper ein zukünftiges Du. Daher kommt es, dass du das Bedürfnis verspürst, dein Leben in Ordnung bringen zu müssen. Du sagst die Dinge, die du schon immer sagen wolltest, und tust die Dinge, die du schon immer tun wolltest.

Auf der achten Ebene wird dir aber auch klar, dass du doch hierbleibst. Ein ganz neues Gefühl für deinen Lebenssinn wird dich erfüllen. Du verstehst, dass du etwas zu erledigen hast, und du freust dich darauf. Auf der achten Ebene hörst du auf, in deinen Körper ein- und auszutreten. Wir sehen viele Lichtarbeiter, die Zugang zur Multidimensionalität haben, aber niemals richtig im Körper sind. Daher treten sie ein und aus. Auf der achten Ebene kommst du im Körper an. Du fühlst dich ruhiger und zentrierter, als jemals zuvor und du weißt, dass du nicht verrückt bist. Und indem du mehr von deiner Größe verkörperst, wirst du zu dem, was wir als „erhöhten Menschen" bezeichnen. Auf der neunten Ebene verkörperst du bereits so viel von deiner Größe, dass du zu einem bemerkenswerten Menschen geworden bist.

Auf der achten Lichtkörperebene sind deine oberen Chakren offen und funktionieren gut. Der spirituelle Körper ist nun mit dem Emotional- und dem Mentalkörper zu einem vereinigten Feld verschmolzen. Die Schablonen im achten Chakra sind neu ausgerichtet und deine Felder beginnen, auf ganz neue Art zu arbeiten. Du schließt dich an deine Überseele an und hast das Gefühl, stets mit dem Geist verbunden zu sein.

Wenn sich dein neuntes und zehntes Chakra weiter öffnen, öffnen sich auch das elfte und zwölfte Chakra und du schließt dich an die Christus-Überseele an. So beginnst du, von der Christusebene deines Wesens aus zu handeln. Anfangs wirst du auch hier hinein- und hinausgehen und dich ein wenig merkwürdig fühlen, wenn du zwischen den Gefühlen hin und her pendelst, einmal göttliche Liebe und Wahrheit und dann wieder ein kleiner, wichtigtuerischer Idiot zu sein. Doch das legt sich bald wieder. Einige Zeit, nachdem du durch das Tor des Erwachens gegangen bist, beginnst du, zu jedem Zeitpunkt von der Christusebene aus zu handeln. Und das wird dein Weg sein. Einige von euch werden sich an die Ich-bin-Präsenz anschließen. Und wenn du irgendwann auf der zehnten oder elften Lichtkörperebene damit beginnst, von der Ebene deiner Göttlichkeit aus zu arbeiten, wirst du große Mühe haben, noch menschlich auszusehen.

Auf der neunten Ebene erreichst du Zustände, die du noch niemals zuvor erfahren hast. Du erfährst den Seinszustand deiner eigenen Wahrheit, den Seinszustand deiner bedingungslosen

Liebe, den Seinszustand deines Lichts und deiner Kraft. Dieser Zustand wird „Dreifaltige Flamme" genannt und existiert im Herzen eines jeden Menschen. Diese Flamme resoniert mit allen Dimensionen.

Gegen Ende der neunten Lichtkörperebene beginnst du einen Abstieg und wahrscheinlich einen sehr massiven. Du hast die Hingabe deines Ego hinter dir. Dieser Abstieg ist extrem transformierend: Du beginnst wahrscheinlich, Licht auszustrahlen.

Die letzten drei Lichtkörperebenen bezeichnen wir als „spirituelle Ebenen". Deine Felder sind völlig vereinigt. Bis hin zum vierzehnten Chakra sind alle Chakren geöffnet und du bist mit jeder Ebene deines Wesens an die Christus-Überseele angeschlossen. Außerdem besitzt du bereits die Anschlüsse an deine Ich-bin-Präsenz.

Die zehnte Lichtkörperebene

Auf dieser Ebene beginnst du, Avatar-Fähigkeiten zu entwickeln. Das heißt, du kannst sein, wann und wo du willst. Auf dieser Ebene ist dir voll bewusst, dass du eins mit der Quelle bist, und du erlangst die Fähigkeit zur Teleportation, Apportation und Manifestation. Wenn du Alles-Was-Ist bist, was bist du dann nicht? Du bist das Universum, das sich selbst nach deinen Bildern der Realität neu erschafft. Auf der zehnten Lichtkörperebene gibst du alle Anschlüsse auf und handelst aus deiner Größe heraus, aus dem, was wir als „Gott-Selbst" bezeichnen. Du fühlst dich mit allem verbunden. Es gibt kein fallendes Blatt, dessen du nicht bewusst wärest, denn du bist das planetarische Bewusstsein. Wir möchten, dass du genau verstehst, was das heißt: Diese Ebene der Wahrnehmung ist der Weg zur tiefsten menschlichen Bewusstheit und der Weg in das menschliche genetische Bewusstsein. All das muss ins Physische integriert werden. Niemand wird draußen im Äther herumfliegen, ihr müsst alles hierher bringen.
Wenn du dich der Überseele anschließt, haben die doppelten Tetraeder die Seiten vertauscht, und du handelst nun in einem

vereinigten Feld. Die geometrischen Figuren bewegen sich in Form einer Doppelhelix. Im derzeitigen Karma-Spiel hast du nur einen doppelten DNS-Strang. Aber im Lichtkörper hast du einen dreifachen (oder höheren) DNS-Strang. Dein Körper formt einen fünftdimensionalen Strang im Zentrum, und du beginnst, das sogenannte „Merkabah-Vehikel" zu bilden. *Merkabah* bedeutet „Wagen" im Hebräischen.

Die Merkabah ist eine kristalline Lichtstruktur, mit der du in deiner Gesamtheit durch Raum, Zeit und Dimensionen reisen kannst. Sie besitzt ein eigenes Bewusstsein. Vielleicht reist du mit ihr in andere Quellensysteme. Aus unserer Perspektive ist der Lichtkörper-Prozess nur Teil eines größeren Prozesses. Wir sehen alle Ebenen und Dimensionen wieder mit der Quelle dieses Universums verschmelzen, die dann wiederum mit allen Quellensystemen verschmelzen kann, und so weiter, bis alles mit dem Einen verschmilzt. Das ist ein gewaltiges Programm.

Aus unserer Sichtweise wird es nichts Schöneres und Wunderbareres geben als den göttlichen Ausdruck, den ihr bei der Rückkehr in die Quelle haben werdet. Für einige von euch ist es eine Rückkehr zu diesem Quellensystem. Für andere wird es die Rückkehr zu einem anderen Quellensystem sein. Diese Wesen sind jetzt hier, um die Verbindungen für jene Zeit zu knüpfen, in der alles miteinander verschmilzt. Einige von euch sind hier, um dem Planeten in den Lichtkörper zu helfen. Andere werden dann übernehmen, um den Planeten in die nächste Ebene zu bringen, usw. Wir sprechen hier vom Aufstieg ganzer Dimensionssysteme.

Die kristalline Lichtstruktur der Merkabah baut ihr aus euren eigenen Feldern unter Anleitung eures Geistes auf. Wir sprechen nun von drei verschiedenen Achsen mit unterschiedlicher Funktion: Die Engelsfunktion, die Raumbruderschaft oder Außerirdischenfunktion und die Funktion der Aufgestiegenen Meister. Sie passen alle zusammen. Wenn es Zeit ist aufzusteigen, wird die Raumbruderschaft alle Merkabahs, die sie in ihren eigenen Feldern baut, zusammenschließen, um den Planeten zusammenzuführen und dadurch den planetaren Lichtkörper zu bauen. Sie bauen buchstäblich das Aufstiegsvehikel für den Planeten. Die Erde wird aus der dritten Dimension herausgeholt und die Dimension wird zusammenbrechen.

Die Achse der Aufgestiegenen Meister übernimmt die Leitung und Navigation. Ihre Aufgabe ist es, mit den Koordinaten zu arbeiten, damit dieses Solarsystem in ein Multi-Sternsystem transportiert werden kann.

Viele der Engel gehen in den Lichtkörper, doch andere kehren zur reinen Energieform zurück. Unsere Energie ist der Brennstoff für diesen Prozess.

Auf der zehnten Lichtkörperebene beginnst du, bewusst entsprechend deiner Achse zu arbeiten. Ihr besitzt alle DNS-Kodierungen, um diese Funktionen ausüben zu können. Dein Geist entscheidet, an welchem Teil des Prozesses du teilhaben sollst.

Keine dieser Achsen ist „wichtiger" oder „besser" oder „fortgeschrittener" als eine andere. Spiele deine Rolle voller Energie.

Die elfte Lichtkörperebene

Du hast die Struktur deiner Merkabah gebaut und erreichst nun die elfte Lichtkörperebene. Das ist der Punkt, an dem du entscheidest, ob du im Lichtkörper bleiben möchtest, um mit dem Planeten aufzusteigen, ob du vor dem Planeten aufsteigen und Teil der Vorhut sein möchtest oder ob du dich in reine Energie verwandeln möchtest. Diese Entscheidung muss jetzt getroffen werden, da du durch die axiatonalen Linien mit der höherdimensionalen Merkabah verbunden bist.

Die axiatonalen Linien sind Teil deiner verkörperten Lichtkörperstruktur und verbinden dich außerdem mit anderen Sternsystemen und Universen. Diese Linien befinden sich entlang der Akupunktur-Meridiane und verbinden sich mit deinem physischen Körper durch die sogenannten „Drehpunkte". Deine Lichtkörperstruktur besteht aus vielen Lichtlinien, die sich kreuzen und dabei wundervolle geometrische Strukturen bilden. Im Verlaufe deiner Mutation wurde ein völlig neues fünftdimensionales Kreislaufsystem aufgebaut. Durch die axiatonalen Drehpunkte kam es zu einer Zellerneuerung und Neustrukturierung auf der Molekularebene. Dein Geist hat diese Strukturen durch alle Lichtkörperebenen erschaffen und damit deinen physischen Körper darauf vorbereitet, die größere Merkabah zu empfangen.

Auf der elften Lichtkörperebene sind all diese Strukturen fest verankert und voll aktiviert.

Du hast vielleicht bemerkt, dass die Zeit schneller vergeht. Sie beschleunigt sich, bis sie simultan ist. Du wirst also abwechselnd die Erfahrung machen, überall gleichzeitig (in der Simultaneität) und dann wieder im gewohnten Zeitablauf zu sein. Du wirst dich daran gewöhnen, hinein- und hinauszugehen. Wenn die meisten Menschen sich auf der elften Lichtkörperebene befinden, wird dieser Planet nicht mehr in der linearen, sondern in der simultanen Zeit sein. Dann hast du sehr viel Spaß, denn du siehst, dass die „vergangenen Leben" ein großer Witz waren: Du hast nur noch Leben, die Resonanzen besitzen.

Jedes Mal, wenn du dich in irgendeiner Parallelität für das Licht entscheidest, hat das eine Wirkung auf jedes einzelne Leben, das du jemals gehabt hast. Jedes! Ein Mensch, der sich für das Licht entscheidet, beeinflusst dadurch den gesamten Planeten über Zeit und alle Parallelen hinweg. In dieser Parallele befinden sich zurzeit etwa sieben bis acht Millionen inkarnierte Lichtarbeiter. Was denkt ihr, wie viel Erfolg ihr haben könnt? Was denkt ihr, was ihr erreichen könnt? Alles! Solange ihr dem Geist folgt.

Ihr handelt direkt aus eurem Gott-Selbst und dort gibt es keine Getrenntheit. Erinnere dich daran, wie du in den unteren Ebenen mit Leib und Seele dem Geist gefolgt bist. Du hast doch schön aufgeholt! Etwas Kopfschmerzen und Grippe unterwegs, doch hier zahlt sich alles aus.

Das, was du am allerliebsten machen möchtest, ist dein Schlüssel zur Manifestation des göttlichen Plans. Viele von euch haben ganz besondere Fähigkeiten und Wahrnehmungsvermögen, um dem Planeten zu helfen. Du bist vielleicht ein Spezialist für intergalaktische Diplomatie, neue Familienstrukturen, neue Formen der Regierung oder du kannst vielleicht besonders gerecht Nahrung und andere Rohstoffe auf globaler Ebene zuteilen. Oder vielleicht singt dein Herz beim Entwickeln neuer Gemeinschaftsformen, bei neuen Ritualen für eine erwachte Spiritualität, bei neuen, auf Licht basierenden Technologien oder bei neuen Ausdrucksformen in der Kunst.

Auf der elften Lichtkörperebene manifestierst du deine Vision des Himmels auf Erden und du drückst die Ekstase deines Geistes aus.

Die zwölfte Lichtkörperebene

Auf dieser Ebene handelst du ganz nach deiner Entscheidung, was zu tun ist. Das heißt vielleicht, dass du dich mit anderen Menschen auf der Erde zusammenschließt – oder auch viele andere Dinge. Es gibt viele Strukturen, die noch für den letztendlichen Aufstieg des Planeten aufgebaut werden müssen. Neue Regierungen, andere Räte – alles Mögliche. Du erledigst das bereits allein durch dein Hiersein. Denke daran, dass du in der Simultaneität arbeitest und dir dessen mehr und mehr bewusst wirst. Es geschieht in diesem Augenblick! Es ist schon geschehen und wird noch geschehen. Ein Planet steigt bereits vom Augenblick seiner Geburt an auf. Nichts geht verloren. Die gesamte Geschichte dieses Planeten ist in der Akasha-Chronik gespeichert. Du brauchst also deine Erinnerungen nicht im Körper zu speichern.

Jedes Mal, wenn du eine Entscheidung triffst, die nicht dem Willen deines Geistes entspricht, wird die Entscheidung des Geistes dennoch eintreffen. Allerdings wird eine Parallelrealität geöffnet, um die andere Entscheidung zu halten. Es gibt also Quadrillionen, Quadrilliarden solcher Parallelrealitäten. Doch all diese Realitäten ziehen sich wieder zusammen, wenn ihr Lichtarbeiter, die ihr über die Zeitabläufe verteilt seid, erwacht und dem Geist folgt. Es wird also einen Punkt geben, an dem all diese Realitäten verschmelzen, und danach gibt es nur noch den Weg des Geistes. Außerhalb der Chroniken wird es niemals ein Karma-Spiel gegeben haben. Auch in dir nicht. Du musst es nicht mit dir herumtragen, weder im Körper, noch im Geist, noch im Herzen. Das ist sehr aufregend! So lässt du einen Planeten aufsteigen. Du webst ihn neu. Jeder dieser Jetzt-Punkte ist das „Material", aus dem der sogenannte „Raum" und die Zeit gemacht sind. Aus unserer Perspektive sehen wir Kraftlinien, die durch alle Parallelen in jeden Jetzt-Punkt fließen und sich wie Enterhaken verkeilen. Die Dimension wird über die Zeit hinweg aufgerollt.

Deine Entwicklung von der elften zur zwölften Lichtkörperebene ist also die letzte Aktivierung des göttlichen Plans für den Planeten Erde. Dieser Planet geht ins Licht. Er verlagert sich aus dieser Dimension und wird in ein Multisternsystem transportiert. Jeder Mensch ist im Lichtkörper und folgt voller Souveränität und Meisterschaft seinem Geist. Während du dich auf dem Weg zurück zur Quelle befindest, drückst du bereits auf jeder Ebene deiner Identität und jeder Ebene deines Wesens deine Erfahrung und deine Verbindung mit der Quelle aus.

Fragen und Antworten

Frage: Welche Symptome können bei der Mutation außerdem noch auftreten?

Antwort: Es kann vorkommen, dass dir Nahrung nicht mehr wie Nahrung schmeckt. Oder, dass du immer hungrig bist, und dein Körper gar nicht bemerkt, ernährt worden zu sein, obwohl du gegessen hast. Das kommt daher, dass dein Lichtkörper bereits so aktiviert ist, dass du auch Licht als Nahrung brauchst. Gegen dieses Hungergefühl gibt es einen einfachen Trick. Er klingt zwar verrückt, funktioniert aber hervorragend. Nimm deine Hände hoch, richte die Handflächen gegen die Sonne. Bilde mit Daumen und Zeigefinger ein Dreieck. Die beiden Daumen bilden die Basis des Dreiecks, die Zeigefinger die Spitze. Dieses Dreieck funktioniert wie eine Antenne und ein Prisma für das Licht hinter dem Licht. Mache das etwa fünfzehn Minuten lang und du wirst spüren, wie dein Körper das Licht trinkt und das Hungergefühl verschwindet.

Bitte iss auch immer, was dein Körper verlangt. Wirf alle Bücher mit Ernährungsregeln fort. Du bist hier, um dem Geist zu folgen, nicht irgendwelchen spirituellen Regeln. Wenn du Vegetarier bist, dein Körper aber ein zweipfündiges Steak essen möchte, dann iss es bitte. Wenn du Keimlinge hasst, dein Körper sie aber gern essen würde, iss sie bitte. Es kann sein, dass du dich verleitet fühlst, Bier zu trinken. Das liegt daran, dass Bier Bestandteile enthält, die den Körper im Mutationsprozess unterstützen können. Wirf in Bezug auf Ernährung alle begrenzenden Regeln über Bord, denn du wirst finden, dass du sehr merkwürdige Dinge essen möchtest, wie zum Beispiel Spinat mit Zimt.
Du wirst auch feststellen, dass dein Schlafrhythmus unregelmäßiger wird. Einmal brauchst du zwei Stunden Schlaf, ein anderes Mal zwölf. Vielleicht wachst du auf und bist müde. Vergiss nicht, dass du ein ungeheures, multidimensionales Wesen bist, das im Schlaf hart arbeitet. Wenn du dich dafür öffnest, auf an-

deren Ebenen mehr und mehr bewusst zu sein, wird dein physischer Körper so müde werden, als hätte er die Arbeit im Schlaf selbst getan. Wenn das geschieht, sage einfach: „Bitte zieht den Schleier etwas straffer, ich brauche eine freie Nacht."

Denke daran, dass du die Kontrolle über die Geschwindigkeit deines Lichtkörper-Prozesses hast. Je mehr Licht du einatmest, umso schneller schreitest du voran. Die Übung des vereinigten Chakras ist eine sehr einfache und grundlegende Technik, die dir beim Aufbau des Lichtkörpers hilft. Durch sie können die Chakren schon wie im abgeschlossenen Lichtkörper-Prozess funktionieren und sie bringt auch deine Energiekörper sanft in den Zustand der Verschmelzung. Wir schlagen vor, diese Technik mehrmals am Tag anzuwenden, bis ihr euch daran gewöhnt habt. Dann kommt ihr an einen Punkt, an dem ihr nur „Vereinige!" sagen müsst, und es wird sofort geschehen. Ihr werdet euch so daran gewöhnen, dass es sich merkwürdig anfühlt, wenn ihr aus dem vereinigten Zustand herausgeht. Immer wenn ihr findet, dass eure Umwelt verrückt ist, braucht ihr nur „Vereinige!" zu sagen. Denn wenn ihr merkt, dass ihr zuviel Energie von außen aufnehmt, liegt das daran, dass eure Energiekörper nicht vereinigt sind.

Ihr könnt auch die Energie der Gnade in euer Leben rufen. Die göttliche Energie der Gnade ist die stärkste Kraft, die auf diesem Planeten existiert. Sie umhüllt die Erde und ist daher immer verfügbar. Gnaden-Elohim ist ein sehr persönliches Wesen und immer ansprechbar. Gnade ist der Elohim des Silbernen Strahls, dessen Energie wie funkelnder, durchscheinender Schnee oder wie Elfenstaub aussieht. Wenn ihr das in euren Feldern seht, wisst ihr, dass Gnaden-Elohim mit euch ist.
Gnade ist die göttliche Kraft, die es euch ermöglicht, in jedem Jetzt-Moment völlig mit der Vergangenheit zu brechen. Wir möchten euch eindringlich darum bitten, euren „Kram" nicht verarbeiten oder euch reparieren zu wollen. Das Universum gestaltet sich absolut und unpersönlich in Einklang mit euren Realitätsbildern. Wenn ihr also das Bild der Realität in euch tragt, dass etwas mit euch nicht stimmt und dass ihr in Ordnung gebracht werden müsst, wird sich das Universum fortwährend

dem Bild entsprechend umgestalten. Du wirst den „Kram" aus diesem Leben verarbeiten wollen. Dann kommt der aus den früheren Leben dran. Dann beginnst du mit dem der anderen Planeten und irgendwann ist der Kram der Erde selbst an der Reihe. Bitte höre damit auf! Die Kraft der Gnade ist auf diesem Planeten, sodass dies unnötig ist. Bitte wende sie an, sie ist dein größtes Plus.
Arbeite mit der Gnade in jedem Bereich deines Lebens. Wenn dein Auto stehen bleibt, rufe: „Gnade, der Motor, bitte!" Für uns ist Gnade der göttliche Schmierstoff. Wir können das auch begründen. Erinnerst du dich an die Tetraeder in deinen Feldern, die durch karmische Muster blockiert werden? Wenn du mit irgendjemandem Probleme hast und die Gnade anrufst, lässt sie ihre Energie wie funkelnden Schnee auf die Tetraeder fallen, die sich sofort wieder deblockieren. Du kannst die Gnade wirklich in jeder Situation nutzen und sie freut sich, helfen zu können – schließlich ist das ihr göttlicher Ausdruck. Also, wenn du dich dabei erwischst, irgendetwas verarbeiten zu wollen, höre auf damit und rufe die Gnade an.

Ein Muster, das wir immer wieder auf diesem Planeten finden, ist: „Wenn ich nur ... in Ordnung bringen könnte, könnte ich aufsteigen und ins Licht gehen." Da haben wir Neuigkeiten für euch. Solange ihr versucht, euch in Ordnung zu bringen, geht ihr nirgendwo hin. Du bist vollkommen, so wie du bist: Ein ungeheurer, multidimensionaler Meister in den verschiedenen Stadien des Erwachens und Erwachtseins. Es gibt nichts in Ordnung zu bringen. Es hat etwas mit Öffnen, Erwachen, Erinnern und Ausdrücken zu tun. So. Das war der Ariel-Vortrag.
Wir sind bekannt dafür, Menschen anzuflehen, mit dem „Verarbeiten" aufzuhören. Wir sehen so viele von euch Lichtarbeitern in allen möglichen Situationen sich engagieren und furchtbar kämpfen. Doch das ist völlig unnötig. Außerdem habt ihr dazu keine Zeit mehr. Der Planet entwickelt sich so schnell, dass ihr euer Karma und eure Beschränkungen unmöglich aufarbeiten könnt. Karma ist nur die Illusion eines Karma-Spiels. Und das lasst ihr jetzt hinter euch.
Es gibt einen Unterschied zwischen dem Segnen von Problemen und einem Leben in Verneinung. Wir fordern euch keines-

falls dazu auf, irgendeinen Teil eurer Realität zu verneinen. Sobald ihr Zugang zu den verschiedenen Teilen eures Körperbewusstseins oder des humangenetischen Bewusstseins besitzt, gibt es viele Dinge (Scham, Schuld, Angst, Verzweiflung), die aus dem physischen Körper fließen müssen. Wir müssen das humangenetische Bewusstsein klären. Es zu verarbeiten, würde ewig dauern, denn ihr müsstet euch jedes Leben extra vornehmen. Jede menschliche Erfahrung ist im menschlichen Kollektivbewusstsein einzeln gespeichert und ihr wäret gezwungen, laufend in der Vergangenheit zu leben. Gnade ist immer jetzt. Wenn du mit deinem Geist immer im Jetzt bist und Geist dich in das humangenetische Bewusstsein führt, wirst du dich aus der Realität des physischen Körpers heraus ausdrücken. Das geschieht immer noch dank der Kraft der Gnade. Sie erlaubt dir, es einfach loszulassen. Drücke es aus und geh weiter. Etwas zu verarbeiten, hält dich immer in der Vergangenheit fest. Es lässt dich immer etwas analysieren und in die Zukunft mitschleppen. Du bist niemals im Jetzt. Rufe die Gnade.

Wir sprechen mit euch, als sei der Lichtkörper-Prozess linear. Doch das ist er nicht. Jeder von euch hat eine ganz einzigartige Tonsignatur. Der Lichtkörper ist wie eine Saite. Du bist beispielsweise gerade auf der siebten Lichtkörperebene und stehst in Kontakt mit deinem Selbst, zum Beispiel aus der dritten Ebene. Dadurch bekommst du diese grippeähnlichen Symptome. Du könntest aber auch mit der neunten Ebene in Kontakt kommen und Töne hören und geometrische Figuren sehen. Der Lichtkörper-Prozess hat zwar ein bestimmtes Muster, ist aber trotzdem auch ein Experiment, mit dem ihr alle auf eure eigene Weise spielt und eure Göttlichkeit ausdrückt. Wir finden das sehr aufregend und sagen: „Das ist aber eine schöne Wendung, wie interessant, das ins Spiel zu bringen!"

Wir fühlen sehr stark, dass der Übergang eines Planeten ins Licht mit viel Spaß verbunden ist. Deswegen nehmen wir daran teil. Wir hoffen, dass ihr bald genauso fühlt. Ihr alle habt diesen Prozess Abertausende Male durchgemacht und ihr macht ihn erneut durch, um wieder einmal etwas Spaß zu haben. Außerdem macht es Spaß, die eigene Richtung herauszufinden. Die

Lichtkörper-Melodie, die in dir spielt, ist deine ureigene. Jedes Mal, wenn ein Körpertypus ins Licht geht, ist es eine völlig neue Erfahrung. Was alles geschieht, wenn ein Planet ins Licht geht, hängt von seiner Dichte, den Spezies, die auf ihm leben, und dem kollektiven Bewusstsein des Planeten ab. Ein Planet geht nicht immer ins Licht, wenn auch seine Bewohner vielleicht ins Licht gehen. Doch dieses Mal geht die Erde mit. Und das ist der Grund, warum sich so vieles auf die Erde konzentriert: um ihr beim Übergang zu helfen. Gegen das Versprechen, aufsteigen zu können, hatte sich die Erde bereit erklärt, beim Karma-Spiel als Bühne zu dienen. Dieses Versprechen wird nun eingelöst.

Zurzeit wird eines der Hauptmuster auf der Erde gereinigt: das, was wir als „Feind-Muster" bezeichnen. Im September 1989 ließ die Erde ihr Feindbild von der Menschheit los. Das bedeutet, dass sie gegenüber der Menschheit nicht mehr rachsüchtig oder nachtragend sein muss. Diese Tatsache entzieht natürlich auch vielen prophezeiten Katastrophen die Möglichkeit, stattzufinden. Selbst wenn es Naturkatastrophen, wie zum Beispiel Überschwemmungen, Erdbeben oder Vulkanausbrüche geben wird, wird der Verlust an Menschenleben nur minimal sein. Trotzdem kann die Zerstörung von Besitz massiv werden – ein klares Zeichen, sich davon zu lösen.

Es gibt noch eine andere Sache, mit der du arbeiten kannst. Im Lichtkörper-Prozess gibt es einen Punkt, an dem sich die Gehirntätigkeit verändert und du Kopfschmerzen bekommst. Du kannst diese Kopfschmerzen lindern, wenn du die Öffnung von Hypophyse und Zirbeldrüse unterstützt. Diese Öffnung ist eine natürliche Entwicklung, die geschehen muss. Geh in einen meditativen Zustand und konzentriere dich auf den Punkt zwischen den Augenbrauen. Es kann sein, dass du leichte Kopfschmerzen davon bekommst. Vielleicht musst du es auch mehrere Male versuchen. Doch es wird einen Punkt geben, an dem du einen Lichtblitz siehst. Damit hat die Zirbeldrüse ihre neue Funktion übernommen. Fokussiere für die Hypophyse deinen Blick und deine Aufmerksamkeit ebenfalls solange in den Hinterkopf, bis du einen Lichtblitz siehst. Dieser Blitz sagt dir, dass die Hypophyse nun umgesprungen ist. Für gewöhnlich wird das die Kopfschmerzen lindern und den Wachstumsprozess von Hypophyse und Zirbeldrüse fördern.

Die Ebene deiner Lichtkörper-Aktivierung zeigt sich in einer Farb-Ton-Sequenz. Der gesamte Lichtkörper-Prozess kann sich in Tönen, Farben und geometrischen Figuren ausdrücken. Diese kannst du vielleicht in der Meditation sehen, wenn dein Geist mit deinen Energiekörpern arbeitet. Wenn du Tönen lauschst, werden sich einige davon besonders gut anfühlen. Das sind deine. Einige fühlen sich vielleicht nicht gut an, die sind dann für andere Menschen.

Frage: Werden auch Parallelen aufsteigen?

Antwort: Im Karma-Spiel freien Willen zu haben, bedeutet, dass du dich für etwas entscheiden kannst, was nicht in Einklang mit dem Willen deines Geistes steht. Wann immer das geschieht, öffnet sich eine Parallelrealität, die dem folgt, was der Geist will.

Je mehr du erwachst und dem Geist folgst, desto weniger Parallelrealitäten werden geöffnet. Und diejenigen, die aus deinen früheren Entscheidungen resultieren, werden zurückgezogen und verschmelzen. Du lebst in einer ständigen, täglichen Verschmelzung von Tausenden von Parallelen auf diesem Planeten. Wenn alle Parallelen einmal verschmolzen sind, bleibt nur die Realität übrig, die den Weg des Geistes seit der Morgendämmerung der Schöpfung reflektiert. Deshalb wird es dann niemals ein Karma-Spiel gegeben haben.

Aus unserer Perspektive besteht das „Material", aus dem Raum und Zeit geschaffen sind, aus Jetzt-Punkten. Wir sehen Kraftlinien, die in jeden Jetzt-Punkt in jeder Parallele einfließen. Gleich Enterhaken werden sie die dritte Dimension in eine höhere ziehen. Du wirst beginnen, dich selbst über die Zeit hinweg und gleichzeitig im Jetzt-Punkt dieser Zeitlinie zu spüren. Wenn die meisten Menschen einmal auf der elften Lichtkörperebene sind, wird dieser Planet nicht mehr in der linearen Zeit leben. Ihr werdet in der Simultaneität existieren und endlich den Witz über die

„vergangenen Leben" verstehen. Alle eure Leben über Zeit und Raum hinweg stehen in Resonanz zueinander. Wenn sich eine deiner Persönlichkeiten für das Licht entscheidet, wirkt sich das auf jede andere aus, in welcher Zeit und Parallele auch immer. Das wiederum wirkt sich auf alle Menschen aus, die mit diesen Persönlichkeiten in Kontakt kommen. Selbst wenn sich nur ein einziger Mensch für das Licht entscheiden sollte, wird sich das auf die gesamte Geschichte des Planeten auswirken.

In dieser Parallele leben zurzeit etwa sieben bis acht Millionen Lichtarbeiter. Überlege mal, was ihr alles bewirken könnt! Alles! Solange ihr nur dem Geist folgt, gibt es nichts, was ihr nicht tun könntet.

Frage: Wie unterscheidet sich der Prozess des Planeten von dem unseren?

Antwort: Am 16. April 1989 wurde für den Planeten die dritte Lichtkörperebene aktiviert. Im Januar 1993 trat die Erde in die siebte Ebene, am 30. Mai 1994 in die achte und am 15. Oktober 1994 in die neunte Ebene ein. Wie du siehst, erhöht sich die Geschwindigkeit des gesamten göttlichen Plans dramatisch. Die Erde wirft ganze Realitätsbilder ab. Sind dir die vielen Fernsehsendungen aufgefallen, die sich zum Beispiel mit dem Zweiten Weltkrieg befassen? Das hat mit dem planetarischen Loslassen und Reinigen von Realitätsbildern aus der allgemeinen Realität zu tun. Die Erde wirft ganze Pakete von Erfahrungen ab, die ihr im Laufe des Karma-Spiels „eingehämmert" wurden. Das andere, was du spüren wirst, ist ein Gefühl der Erwartung. Ständig glaubst du, etwas werde geschehen. Je nachdem, wie du dich geistig orientierst, kann das sehr nervenaufreibend oder auch beruhigend sein: „Alles nimmt seinen Lauf." Die Polarisierung verstärkt sich. Auch der Planet fühlt sich wie in einer klassischen spirituellen manischen Depression: „Oh, ich werde zu einem Stern!" und „Ich fliege garantiert in die Luft!"

Der Planet ist davon abhängig, dass auch die Menschen ihre Feindbilder loslassen. Plötzlich gibt es in Europa eine Welle von

Antisemitismus. Sie wird nicht andauern, denn es gibt kein Feindbild mehr, das sie aufrechterhalten kann. Es ist eher ein Ausdruck als eine Handlung. Einen Krieg anzufangen und ihn aufrechtzuerhalten ist eine Handlung. Hass auszudrücken ist keine Handlung. Sobald der Hass ausgedrückt ist, stirbt er, da es keine zugrundeliegende ätherische Blaupause gibt, die ihn nähren könnte. Alle Feindbilder werden aus der planetarischen Struktur und aus jedem Menschen gelöst. Jedes „Wir und die"-Muster wird gerade aus allen Feldern gelöst.

Viele neue Ideen gelangen nun in das Massenbewusstsein. Und die Lichtarbeiter sind überall. Wie viele von euch haben *Alien Nation* gesehen? Diese Science-Fiction-Serie hat viel Vorbereitungsarbeit geleistet. Viele neue Dinge gelangen ins Massenbewusstsein, die neue Wege zum Leben, zum Denken und zur Bezugnahme ermöglichen. Uns gefällt dieser eine Computerslogan: „Eure Eltern haben euch die Welt gegeben, gebt euren Kindern das Universum." Auch die *Star Trek*-Fernsehserien *Das nächste Jahrhundert* und *Deep Space Nine* haben viel dazu beigetragen, den Menschen die Natur der multiplen Realitäten nahezubringen und sie zu lehren, wie Raum und Zeit mit Bewusstsein zusammenhängen. Das ist sehr wertvoll. Der Film *Star Trek: Der erste Kontakt* handelte zum Beispiel von der Notwendigkeit feinfühliger Diplomatie, um einen Planeten in die galaktische Gemeinschaft einladen zu können. In einer Folge der dritten Staffel von *Star Trek: Das nächste Jahrhundert* verwandelt sich ein Wesen in einen Lichtkörper, während es auf der Enterprise am Steuer steht.

Es werden dir auch Kodierungen in der Musik auffallen. Die „Rave"-Szene ist sehr kraftvoll. Sie erlaubt einer Gruppe von Menschen, ihr Bewusstsein zu verbinden und Energie für den Planeten aufzubringen; es ist eine große Feier für ihre Körper. Gleichzeitig gibt es andere Musikformen mit Botschaften des Hasses. Die Polarisation setzt sich fort.

Das überwiegende Gefühl auf dem Planeten ist: „Zum Teufel, was ist hier nur los?" Wir bitten dich deshalb, freundlich zu bleiben. Es kann sehr beängstigend sein, wenn sich die alten Bilder lösen. Und selbst im Planeten kommt sehr viel Angst hoch. Wir möchten dich auch bitten, dich lieber „hoch" als in die Erde hinein zu erden. Sie ist mitten in einem Mutationsprozess, und wenn du dich in sie erdest, tust du ihr nichts Gutes. Sie sollte dich nicht stabilisieren müssen, denn sie braucht selbst Stabilisierung. Du kannst ihr jedoch bei der Stabilisierung helfen, indem du deine Stabilität in der Größe deines eigenen Wesens findest und dann als Pol für diese Energie fungierst. Dadurch findet auch die Erde Unterstützung aus ihrer eigenen Größe.

Frage: Was ist Abstieg?

Antwort: Abstieg tritt auf, wenn ein höherer Aspekt deines Geistes in deinen Körper eintritt, um in ihm zu wohnen. Für gewöhnlich hast du diesen höheren Aspekt zuerst gechannelt, indem du einen Teil deiner Größe angezapft hast. Abstieg geschieht auf allen Ebenen der Mutation. Er kann so sanft wie ein wunderbares Offenbarungserlebnis sein, das dich für ein paar Tage schweben lässt. Aber auch völlig desorientierend. Vielleicht wirst du dich fragen, wer du überhaupt bist, warum du hier bist und was du hier wohl verloren hast.
Deine gesamte Identität kann durch einen Abstieg wie zum Fenster hinausgejagt werden. Je festgefahrener deine Vorstellungen von dir selbst sind, umso schwieriger kann ein Abstieg sein. Doch wenn deine Systeme offen sind, ist es so: „Also, wer bin ich heute?" und „Meine Realität ist heute ..."

Je leichter der Abstieg, umso weniger erschütternd ist er. Ihr alle habt mindestens einen Abstieg erlebt, denn er ist natürlicher Teil des Prozesses. Für gewöhnlich ereignet sich ein Abstieg, wenn ein Mensch in die dritte, sechste und neunte Lichtkörperebene geht. Sie unterscheiden sich auch voneinander. Einige Menschen glauben dann zum Beispiel, sie seien „walk-ins"*.

* *to walk in* bedeutet „eintreten". Bezeichnung für das Phänomen einer Seele, die ihren Körper verlässt, um ihn einer Seele mit einer größeren Mission zu überlassen, damit diese nicht durch die physischen Wachstumsprozesse gehen muss.

Doch das sind sie nicht. Ein Abstieg kann so dramatisch sein, dass es wie ein Walk-in aussieht. Es geschieht immer häufiger, dass Menschen einen intensiven Abstieg erfahren.

Frage: Beeinflussen wir die Mutation der Erde?

Antwort: Natürlich! Erinnere dich nur daran, dass sich das Universum aufgrund deiner Bilder von der Realität bildet. Wenn dein Bild ist, dass der Planet verschmutzt ist und bald zerstört sein wird, dann rate, was geschehen wird: Du wirst auf einer zerstörten Erde leben. Wenn dein Bild ist, dass sich der Planet selbst heilen und reinigen kann und seine Bewohner am Leben erhält, dann wirst du das erfahren. Deshalb bitten wir euch: Konzentriert euch bitte nur auf schöne und positive Dinge. Wegen des Ozonlochs Angst zu haben, hilft überhaupt nicht. Diese Angst wird das Loch nur größer machen. Das Loch sollte sowieso entstehen, um die göttlichen Kräfte und Strahlen besser auf die Erde kommen zu lassen.

Ihr könnt viele Dinge tun, um dem Planeten zu helfen. Sammelt Müll ein, pflanzt Bäume – ohne Angst und Schuld. Angst kann euch unbeweglich machen. Transformiert diese Gefühle in Dienst an der Erde. Lernt, ein göttlicher Gärtner zu sein. Seid Samen der Liebe, kümmert euch um die Samen der Wahrheit und erntet die manifestierten Früchte des göttlichen Willens.

Frage: Ereignete sich etwas im Reich der Engel, als sich die Gnadenenergie völlig manifestierte?

Antwort: Es gab viele Ereignisse. Im September 1989 kam die Gnadenenergie auf den Planeten, um Teil der Gitternetzstruktur zu werden. Jeden Monat werden sich mehr Tore öffnen und du wirst dich bald daran gewöhnen. Es gibt mehr und mehr Möglichkeiten, neue Energien, Technologien, Informationen und Aspekte deines Geistes zu erfahren. Für jeden von euch und für den Planeten gilt: Alle jetzt getätigten Anschlüsse schließen an das „Du", das bereits im Lichtkörper ist.

Wenn du dich nicht gegen ein Tor sperrst, wenn du die Energie durch dich hindurchfließen lässt, wird das eine wundervolle Erfahrung sein. Wenn du dich gegen Veränderungen sperrst, staut sich die Energie in deinen Feldern. Uns ist bereits aufgefallen, dass die Menschen die Neigung haben, in der Zukunft zu leben und nur noch auf Ereignisse zu warten. Ein Problem, das wir immer wieder in bestimmten Gruppen sehen, ist das Erwarten von irgendwelchen Toröffnungen. Wir würden sagen, dass sich dauernd Tore öffnen und dass es viel kraftvoller ist, im Jetzt und in der Gegenwart des Geistes zu leben. Diejenigen, die sich immer auf Toröffnungen in der Zukunft konzentrieren, verpassen oft die Wunder im Jetzt-Punkt.

Frage: Welche Wirkung hat der Lichtkörper-Prozess auf Tiere?

Antwort: Viele Spezies entscheiden sich zurzeit dafür, diesen Planeten zu verlassen, da das devische Bewusstsein den momentanen Körper nicht in den Lichtkörper mitnehmen möchte. Es möchte etwas anderes. Es ist natürlich richtig, sich um andere Spezies zu kümmern, doch seid euch darüber im Klaren, dass alles Bewusste weiß, was los ist.

Die Körper der meisten Spezies erfahren keine Mutations-Symptome. Sie mutieren ganz natürlich. Sie brauchen ihre Felder nicht zu vereinigen, denn sie haben sie niemals aufgeteilt. Die einzige Spezies, die Probleme hat, ist der domestizierte Hund. Katzen geht es gut, denn ihre Aufgabe ist es, den Prozess zu unterstützen. Sie sind wunderbare Channels und ihre Gruppenseele hat zugestimmt, den Menschen beim Aufstieg zu helfen. Deshalb ist es gut, sich mit Katzen zu umgeben. Lasst sie bei euch schlafen, wenn sie das wollen.

Hunde und Katzen haben sich polarisiert, um die Pole der alten und neuen Welten zu halten. Hunde nehmen viel alte Energie auf, die losgelassen wird, und Katzen bringen die neue Energie. Hunde scheinen mehr Probleme mit Parasiten zu bekommen und brauchen deshalb mehr Aufmerksamkeit. Mache die Invokation des Wassers über ihren Futter- und Wasserschalen.

Frage: Die axiatonalen Linien sind natürlicher Teil eines balancierten Energiefeldes. Wie helfen diese Linien bei der Manifestation?

Antwort: Geist manifestiert sie. Ihr besitzt Anschlüsse an höhere Gitterstrukturen. Die axiatonalen Linien schließen sich durch die Drehpunkte eurer Körper an die kristallinen Gitterstrukturen an, die in jeder Dimension existieren. Wenn Geist etwas manifestieren will, leuchten diese Linien interdimensional auf.

In den Schablonen des achten Chakras müssen sich die Linien exakt auf die Kristallstruktur ausrichten. Die axiatonalen Linien schließen sich durch das achte Chakra an verschiedene Sternsystem-Gitterstrukturen in diesem Universum und in anderen Quellensystemen an. Geist aktiviert diese Linien, um durch den Körper mehr von seiner eigenen Größe manifestieren zu können. Das aktiviert wiederum mehr Linien, wodurch wieder mehr Geist durchkommen kann, und so weiter.

Wenn du dieses Gittersystem geschaffen hast, findet eine Aktivierung im elften Chakra, dem Tor zur Ich-bin-Präsenz, statt. Sobald die Schablonen ausgerichtet und an die Gitterstrukturen angeschlossen sind, hast du die Manifestation aller Fähigkeiten der Gottesebene erreicht. Um sie aber ausführen zu können, musst du durch die Christus-Überseele gehen, sonst verbrennt dein Körper.

Wenn du durch die achte Lichtkörperebene gehst, öffnest du dich für die Lichtsprachen und beginnst, sie zu entschlüsseln. Wenn du einmal nichts verstehst, öffne dich einfach deinem Geist, und erlaube deinem Körper, Töne zu erzeugen. Die Klänge kommen aus den höheren Dimensionen und dein Körper dient ihnen als Instrument. Du musst gar nichts tun, Geist erledigt das schon von allein.

Frage: Was bedeutet ein hoher Pfeifton in den Ohren?

Antwort: Wahrscheinlich handelt es sich dabei um ein höherdimensionales Wesen, das versucht, Kontakt zu dir aufzubauen. Gehe in die Stille und sage: „Ich bin offen, um zu empfangen" und lass es durchkommen. Du empfängst vielleicht Töne, Worte oder Melodien.

Das Konzil von Ain Soph hat folgende Technik durchgegeben, um mit ihr die Klärungsprozesse während der Mutation zu beschleunigen. Sie wird alle ätherischen Kristalle entfernen. Teile diese Technik bitte mit deinen Freunden.

Gelübde brechen, um erwachen zu können

Ich hebe hiermit alle Gelübde auf, die ich getan habe, um die Illusion der Unbewusstheit erfahren zu können.

Als der Lichtträger in meiner genetischen Ahnenreihe breche ich diese Gelübde für mich selbst und für alle meine Vorfahren.

Ich erkläre diese Gelübde für nichtig in dieser Inkarnation, in allen anderen Inkarnationen über Raum und Zeit hinweg, in Parallelrealitäten, Paralleluniversen, Alternativrealitäten, Alternativuniversen, allen Planetensystemen, allen Dimensionen und allen Systemen der Quelle.

Ich bitte darum, alle Kristalle und sonstigen Gegenstände, Gedankenformen, Emotionen, Matrizen, Schleier, Zellgedächtnisse, Bilder der Realität, genetische Beschränkungen und den Tod jetzt loslassen zu können.

Im Namen des Gesetzes der Gnade, im Namen des Dekrets des Sieges! Im Namen des Dekrets des Sieges! Im Namen des Dekrets des Sieges!

Ich bitte darum, erwachen zu können – wenn der Geist es will. Wenn der Geist es will, sind wir erwacht!

Am Anfang, ich bin, was ich bin! B´ray sheet, Eh-yah esher Eh-yah!

„Hilfe, ich mutiere!“ – Was du tun kannst

Die Techniken und Prozesse in diesem Buch sollen spirituelles Licht integrieren. Es handelt sich keinesfalls um medizinische Ratschläge. Wenn du eins oder mehrere der genannten Symptome an dir feststellst, suche bitte deinen Arzt auf.

Einige dieser Symptome müssen von einem spirituellen Chirurgen behandelt werden, doch mit den meisten kannst du auch selbst fertig werden. Bei jedem Symptom geben wir eine Empfehlung für eine Essenz von *Angelic Outreach*. Die Essenz *Magnificence* hilft bei den meisten Symptomen. Wir empfehlen dir, folgende Dinge zuerst zu tun, egal welche Mutations-Symptome du gerade durchmachst:

1. „Das vereinigte Chakra“ und die „Invokation des Lichts“
2. Spirituelle Hygiene (siehe folgende Seite)
3. Erde dich multidimensional. Stell dir eine dicke Lichtlinie vor, die aus dem Omegachakra kommt (das etwa 20 Zentimeter unter dem Steißbein liegt) und sich aufwärts durch die Wirbelsäule, weiter durch das achte bis elfte Chakra und von dort aus bis in das vierzehnte ausdehnt. Erde dich in der Größe deines Geistes, nicht in der Erde, denn auch sie mutiert. Lass zu, dass dein Geist dich stabilisiert. Lass nun sieben bis zwölf Lichtlinien aus dem Omegachakra fließen, die sich kegelförmig um deine Füße öffnen. Damit erdest du dich nicht in die Erde, sondern stabilisierst dich in allen Parallelrealitäten des planetarischen Hologramms.
4. Falls diese Vorschläge nicht helfen, bitte deinen Geist und deine multidimensionalen Freunde um Unterstützung. Du musst um Hilfe bitten, sonst können wir dir nicht helfen.

Spirituelle Hygiene

Diese Technik hilft, wann immer du Dichte reduzierst. Wenn nötig, führe sie mehrere Male am Tag durch. Visualisiere, wie sich die violette Flamme der Transmutation und der silberne Gnadenstrahl vermischen und ein wundervolles durchscheinendes Violett bilden. Sieh, wie sich dieses Licht in deinen physischen Körper ergießt und ihn ganz ausfüllt. Dann lass das Licht nacheinander deinen Emotionalkörper, deinen Mentalkörper und deinen spirituellen Körper erfüllen. Bade in Wasser, dem du etwas Meersalz zugefügt und in das du die Strahlen invoziert hast. Um energetische Rückstände aus deiner Kleidung und Bettwäsche zu entfernen, wasche sie mit Wasser, in das du eine Handvoll Meersalz gegeben hast. Da du die meiste Klärungsarbeit im Schlaf erledigst, rufe morgens beim Machen der Betten diese Strahlen, damit sie die alten Energien transmutieren.

Das dreifache Gitter

Es ist äußerst wichtig, dass du deinen Raum energetisch rein hältst. Das liegt daran, dass du (und alle anderen auf diesem Planeten) in einem Prozess der Transmutation, der Veränderung, begriffen bist und Dichte reduzierst. Energien im Radius von mindestens 800 Metern um dich herum beeinflussen dich. Die Technik des dreifachen Gitters ist eine unglaublich vielseitige Methode, einen energetisch reinen und stabilen Lebens- und Arbeitsraum und eine gute Atmosphäre beim Autofahren zu schaffen. Sie basiert auf dem Prinzip: „Bitte und dir wird gegeben." Wenn du um etwas bittest, ist es wichtig, so genau wie möglich zu sein.

Diese Technik benötigt bestimmte Gruppen, um ihre besonderen Funktionen auszuführen. Die Legionen von Michael sind besonders gut darin, Energie in eine bestehende Struktur zu leiten und sie aufrechtzuerhalten. Die Engel der Zerstörungskraft sind dagegen wie ein kosmischer Kohlefilter. Sie erschaffen den Raum, in dem das Licht seine nächsthöhere Ebene finden kann. Diese Wesen erschaffen göttliches Potential und Ausdehnung des Lichts und dürfen nicht mit den dunklen Mächten verwech-

selt werden, die Kondensierung des Lichts bewirken. *Circle Security* ist eine Abteilung der Intergalaktischen Planeten- und Sternenföderation. Ihre Aufgabe ist es, interdimensionale und interuniversale Kommunikationsgitter aufrechtzuerhalten.
Mit der Technik des dreifachen Gitters bittest du eine bestimmte Gruppe, ihre Ebene des Gitters aufzubauen und dessen Größe, geometrische Form und Ort zu bestimmen. Kugelförmige Gitter sind die stabilsten und am leichtesten zu unterhalten. Daher empfehlen wir, sie für alltägliche Dinge (Heim, Auto, Arbeitsplatz) anzuwenden. Das Gitter sollte wöchentlich erneuert werden oder immer dann, wenn sich die Energie schwach anfühlt.

„Legionen Michaels: Gitterebene eins, kugelförmig, mein Haus. Zerstörerengel: Gitterebene zwei, kugelförmig, mein Haus. *Circle Security*: Gitterebene drei, kugelförmig, mein Haus."

„Zerstörerengel, bitte erstellt euer Gitter und beseitigt astrale Wesenheiten, verirrte elektromagnetische Störfelder, Angst, Disharmonie, Wut, ungünstige astrologische Einflüsse, Erwartungshaltung, Frustration, Viren, Pilze, Bakterien, astrale Störungen, unzureichende Kommunikation, Trauer, Feindbilder, Mangel, Einsamkeit. Beseitigt alles, was in dieser oder einer anderen Sprache nicht erwähnt worden ist, von dem ihr jedoch wisst, dass es aus diesem Raum verschwinden muss."
Das sind nur ein paar Vorschläge. Nenne alles, was du in deiner Situation benötigst.

Wenn sich die Klärung abgeschlossen anfühlt, sage: „Das gleiche in umgekehrter Richtung!" Und wenn das abgeschlossen ist, sage: „Stoppt die Drehbewegung. Vielen Dank."

„Legionen Michaels, bitte nehmt in euer Gitter die Energien der Elohim der Gnade, der Hoffnung, des Friedens, der Reinheit, der Freiheit, der Harmonie und des Sieges auf. Erstellt das vereinigte Chakra und lasst Liebe, Intimität, Zentriertheit, Klarheit, volle Verbindung mit dem Geist, Toleranz, klare Kommunikation, Gesundheit, Wohlstand, Meisterschaft und Souveränität einfließen. Außerdem alles, was in dieser oder einer anderen

Sprache nicht erwähnt worden ist und von dem ihr wisst, dass es nötig ist. Lasst die Energie einfließen, die mir hilft, meinem Geist ohne Zögern zu folgen. Bitte versiegelt das Gitter. Vielen Dank." Auch das waren nur Vorschläge. Nenne alles, was du brauchst.

„*Circle Security*, bitte richtet die Gitter auf die höherdimensionalen Gitter aus. Entfernt alle Parasiten und alle Verzerrungen aus den Gittern. Lasst Frequenzen für klare Kommunikation mit dem Geist einfließen. Versiegelt die Gitter. Vielen Dank."

Gitter für dein Zuhause

Im obigen Beispiel haben wir ein mögliches Gitter für deine Wohnung oder dein Haus gegeben. Wenn du zu Hause ein Gitter aufbaust, spüre nach, welche Energien dich in deiner Umgebung negativ beeinflussen und welche Energien du brauchst, um täglich unterstützt zu werden.
Wohnst du in der Einflugschneise des örtlichen Flughafens? „Beseitigt Mikrowellen und Radarstrahlen." Streitest du dich viel mit deinem Partner oder deinen Mitbewohnern? „Beseitigt karmische Monaden, Wut, Groll, mangelhafte Kommunikation, die Neigung, nachtragend zu sein, veraltete telepathische Bilder, astrale Wesenheiten ..." „Lasst klare Kommunikation, Mitgefühl, Meisterschaft, Souveränität, Intimität, Ehrlichkeit, Liebe und transpersonale Standpunkte einfließen."
Wohnst du in einem Wohnblock voll lauter, streitender und nervtötender Nachbarn? „Beseitigt Hass, Gewalt, astrale Wesenheiten, Feindbilder, Angst, Kampf, Hoffnungslosigkeit, Stress, das Karma anderer Menschen, Gedankenlosigkeit ..." „Lasst Harmonie, göttliche Vorsorge, Frieden, Klarheit, Sanftheit, Ehre ... einfließen."

Hast du schwere Mutations- und Klärungssymptome? „Beseitigt Dichte, veraltete Bilder von der Realität, Kampf, Widerstand, Müdigkeit, veraltete genetische Kodierungen ..." „Lasst Frieden, Hoffnung, Verbindung mit dem Geist und Hingabe einfließen. Gnaden- und Reinheits-Elohim, fordert von mir, was immer nötig ist ..."

Bitte die Zerstörerkräfte, die Gitter konstant in beide Richtungen zu drehen. Die Gitter werden sich solange drehen, bis du sie bittest, damit aufzuhören. Das hilft deiner Umgebung und dir, nicht zu speichern, was du loslässt.

Gitter für dein Auto

Desorientierung aufgrund paralleler Verschmelzungen, Verwirrung aufgrund von Mutationen scheinen sich beim Autofahren zu verstärken. Oft wissen die Menschen nicht, wo sie sind oder wohin sie fahren. Das ist natürlich gefährlich. Wir schlagen deshalb vor, das Auto mit einem Gitter zu umgeben und dieses Gitter jedes Mal zu erneuern, wenn das Haus verlassen wird. Es wird als hilfreich empfunden, einen Bergkristall in den Rückspiegel zu hängen und die Gitter aus diesem Kristall zu speisen. Der Kristall hilft auch, sich daran zu erinnern, die Gitter zu erneuern. Umfasst den Kristall und sagt: „Gitter, erneuert euch." Hier folgen einige Vorschläge, um was gebeten werden kann:

Bilde ein rundes Gitter um das Auto und bitte die Zerstörerkräfte: „Beseitigt Unkonzentriertheit, Desorientierung, Frustration, Durchsickern aus anderen Parallelen, ungünstige astrologische Einflüsse, das Karma anderer Menschen ..." „Lasst Klarheit, Zen-gleiche Gelassenheit, einwandfreie technische Funktion, eine stabile Realitäts-Blase ... einfließen." Du kannst auch die Legionen Michaels bitten, dich ans Ziel zu beamen. **Bitte keinesfalls um Unsichtbarkeit!** Dein Auto könnte angefahren werden.

Gitter für deinen Arbeitsplatz

Wir möchten ausdrücklich betonen, dass das dreifache Gitter nicht benutzt werden kann, um andere Menschen zu manipulieren. Es schafft eine Umgebung, in der bestimmte Energien schwieriger durchkommen können und bestimmte Energien leichter zur Verfügung stehen. Wenn jemand anderen wirklich auf die Nerven gehen will, kann er das tun. Er wird sich aber mehr anstrengen müssen. Mit dem Gitter schaffst du den Raum für höhere Möglichkeiten. „Beseitigt Konkurrenzverhalten, Ego-Spiele, Manipulation anderer, Selbst-Manipulation, Geheimnis-

krämerei, Feindbilder, Kampf, Frustration, Unzufriedenheit, Angst, Täuschung, unzureichende Kommunikation, Respektlosigkeit, zu starker Individualismus, astrale Wesenheiten, Täuschung, veraltete telepathische Bilder, Ungeduld ..." „Lasst Ehrlichkeit, Integrität, Visionen, Erfüllung, Meisterschaft, Souveränität, Sachverstand, Zusammenarbeit, Geduld, das vereinigte Chakra, Freude, Harmonie, Humor ... einfließen."
Du kannst das dreifache Gitter auch um einen Ort bauen, ohne dich an ihm aufzuhalten. Versuche einmal, das Gitter um ein Einkaufszentrum, ein Gericht, ein Lebensmittelgeschäft, ein Postamt zu erstellen, bevor du dorthin gehst. Vielleicht würde es Spaß machen, die Gitter um das Parlament und andere Regierungsgebäude aufzubauen. Denke daran, dass man damit niemanden manipulieren kann. Die Gitter machen nur bestimmte Energien mehr oder weniger leicht verfügbar.

Die Technik des dreifachen Gitters ist sehr vielseitig und wir haben dir Beispiele für den alltäglichen Gebrauch genannt. Die kugelrunde Geometrie ist sehr stabil und leicht aufrechtzuerhalten. Wenn du immer in den Gittern lebst, wird es einfacher sein, den Himmel auf Erden zu leben.

Kopfschmerzen

Das ist das zweithäufigste Mutationssymptom. Wir unterscheiden verschiedene Arten.

Scharfe, chronische Schmerzen in Kopf, Hals oder Schultern

Vermutlich ätherische Kristalle. Nimm Kontakt mit einem ätherischen Chirurgen auf.

Craniale Ausdehnung

Wenn du Klumpen, Klopfen oder Druck im Kopf spürst, wächst wahrscheinlich dein Gehirn. Strecke deine Hände hoch und ziehe die cranialen Platten auseinander. Falls das nicht hilft, lass dir von einem Craniosacral-Körperarbeiter helfen.

Druck zwischen den Augenbrauen

Hierbei handelt es sich um die Zirbeldrüse, die wächst. Es fühlt sich an, als würde jemand mit einem Finger auf diese Stelle drücken. Und genau das ist auch dein Gegenmittel. Presse für ein paar Augenblicke mit deinem Finger diese Stelle. Das hilft für gewöhnlich. Diese Technik hilft auch bei Druck am oberen Hinterkopf (Wachstum der Hypophyse) und bei Druck auf der Schädeldecke, etwas hinter der Mitte (viertes Auge).

Starker Schmerz an der Schädelbasis

Das nennen wir „Baustellen-Kopfschmerz". Die meisten Menschen sind so konditioniert, dass sie ihren physischen Körper und ihre Energiekörper verkrampfen, wenn sie Schmerz empfinden. Doch in diesem Falle verstärkt eine Verkrampfung den Schmerz dramatisch. Lege deine Handflächen über die Ohren. Stell dir vor, dass du, während du die Hände von deinem Körper wegbewegst, auch deine Energiekörper vom Kopf wegdrückst. Es klingt verrückt, doch oft hilft es.

Starke Mutationskopfschmerzen, bei denen nichts geholfen hat

1. Informiere das „Du" in der fünften oder sechsten Dimension, dass das, was es tut, schmerzhaft ist. Das „Du" im Lichtkörper kann keinen Schmerz empfinden. Sage dir also selbst, die Sache etwas langsamer anzugehen.
2. Sage: „Setzt bitte Endorphine frei!" Endorphine sind natürliche Opiate im Gehirn. Für gewöhnlich fühlst du eine unmittelbare Linderung der Schmerzen.
3. Besorge dir einen Dioptas. Dieses Mineral enthält dunkelgrüne Kristalle auf einer Matrix-Basis. Wir finden, dass es Wunder wirkt.
4. Essenzen, die bei allen Mutationskopfschmerzen helfen: *Mystical Articulation, Divine Expression.*

Andere physische Symptome

Grippeähnliche Symptome

Das sind die Symptome, die man am häufigsten beobachteten kann. Wenn du Dichte reduzierst und sie nicht transformierst oder nicht transformieren kannst, muss sie irgendwie austreten. Probiere die Essenzen *Magnificence, Subatomic Tonic* und *Universal Detox* aus.

Übelkeit und Erbrechen

Oftmals leiden Menschen darunter, die viele Ängste in ihren Körpern gespeichert haben. Wenn du Ängste loslässt, befindet sich oft sehr viel Schleim im Körper. Sprich die Invokation des Wassers über dein Essen und Trinken. Falls das nicht hilft, bringe dich zum Erbrechen. Danach solltest du dich schnell besser fühlen. Übelkeit kann auch entstehen, wenn sich deine Energiekörper zu schnell drehen. Strecke deine Hände aus und sage deinen Körpern, dass sie sich verlangsamen sollen. Wenn du Dinge aus dem humangenetischen Bewusstsein deines Körpers klärst, kann dir oft übel sein und du erbrichst regelrecht Energie. Benutze die Essenz *Pathcutter*. Es kann auch sein, dass ein Loch im Brustkorb sehr viel Druck verursacht. Stell dir dieses Loch als Linse einer Kamera vor, öffne sie und lass die Energie aus deinem Körper sprühen. Diese Technik kann auch bei Kopfschmerzen helfen, da es in der Mitte des Nackens ein weiteres Loch gibt. Wenn du also einen Druck im Kopf hast, öffne auch dieses Loch und lass die Energie herausspritzen, wie Wasser aus einem Hydranten. Das wird viel Druck in Kopf, Nacken und Schultern befreien.

Durchfall

Menschen voll aufgestauter Wut bekommen eventuell Durchfall. Benutze die Invokation des Wassers. Wahrscheinlich musst du dich einfach daran gewöhnen, denn einige Menschen bekommen jedes Mal Durchfall, wenn mehr Licht in den Körper eindringt.

Muskel- und Gelenkschmerzen

Menschen mit starken Widerständen haben oft damit zu kämpfen. Auch nach einem Walk-in oder einem intensiven Abstieg kann es zu diesen Schmerzen kommen. Es kann sich dabei um eine Widerstandsreaktion auf Zellebene handeln. Manchmal sieht es wie rheumatische Arthritis aus. Nimm Omega-3-Fischöl-Kapseln. Sie „schmieren" den Körper. Oder stell dir vor, wie du in einem Ozean aus Licht liegst, mit dem Kopf zum Strand. Die Wellen benetzen dich und bringen Licht in deinen Körper. Beim Zurückfließen ziehen sie Widerstand ab. Essenzen: *Surrender, Universal Detox, Ecstasy.*

Fieber und Schweißausbrüche

Viele Menschen haben diese Symptome ohne die restlichen Grippesymptome. Manchmal kann das Fieber sehr hoch und die Haut dabei sehr rot werden. Oft sind die Energiekörper mit dem physischen Körper nicht im Rhythmus. Es gibt zwei Möglichkeiten, damit umzugehen:

1. Verringere die Schwingung deiner Felder, indem du die Drehgeschwindigkeit verringerst oder dir vorstellst, dass die Energiefelder schwerer werden.
2. Versuche, die Schwingung deines physischen Körpers zu erhöhen, indem du das Fieber in die Höhe treibst. Bei beiden Methoden solltest du auf eine Art „Klick" achten, mit dem die Körper wieder aufeinander abgestimmt schwingen. Danach sollte das Fieber schnell fallen. Viele Menschen fanden, dass es hilft, sich selbst aufzuheizen. Das ist einfacher, als sich abzukühlen.

Müdigkeit

Dafür gibt es viele Ursachen. Wahrscheinlich arbeitest du im Schlaf oder du machst eine tief greifende Neubewertung durch. In diesem Fall nimm den Mangel an Energie an und ruhe dich aus. Wenn es aber nicht aufhören will, bitte den Geist um eine freie Nacht. Spüre nach, ob dein Körper sehr viel loslässt. Vielleicht musst du eine Entgiftungskur auf körperlicher Ebene durchführen, um den Körper bei der Verringerung von Dichte zu unterstützen. *Universal Detox, Fire of Purpose.*

Vibrieren während der Meditation oder beim Aufwachen

Das ist ein sehr natürlicher Teil des Lichtkörper-Prozesses, doch anfangs beängstigend. Es bedeutet nur, dass sich deine Energie erhöht. Entspanne dich und genieße es.

Schmerz in der Mitte des Brustbeines

Das ist für gewöhnlich das Herzchakra, das sich in eine neue Ebene öffnet. Atme und rufe den silbernen Strahl der Gnade ins Herz. Dann öffne dein Herzchakra, bis der Schmerz nachlässt. Atme dabei immer weiter. Das Herzchakra ist das Tor zur Multidimensionalität. Vielleicht sind seine Scharniere etwas eingerostet und müssen nur ein wenig geölt werden. *Alignment, Ecstasy, Love Potion #9.*

Schmerzen im Lendenwirbelbereich und in den Hüften

Wenn du dich auf der achten oder neunten Lichtkörperebene befindest oder ein Walk-in bist, könnte der Schmerz von den siebtdimensionalen Göttlichkeitsschwellen herrühren, die sich maximal ausdehnen. Lass dich von deinem ätherischen Chirurgen behandeln. *E-3, Subatomic Tonic, Ecstasy, Heavenly Body.*

Arme und Hände kribbeln oder schlafen ein

Das kann mehrere Monate andauern. Es kann bedeuten, dass Strukturen für ätherisches Heilen oder chirurgische Fähigkeiten eingebettet werden, allerdings nur, wenn das mit deiner göttlichen Aufgabe in Einklang steht. Auch auf der achten Lichtkörperebene haben wir viele dieser Symptome im Nervensystem gesehen, da es viel mehr Lichtkörper-Impulse verarbeiten muss. Falls deine Hände oder Beine allerdings beim Laufen einschlafen, ist es Zeit, im Gehirn eine Angleichung vorzunehmen. Aus der Zirbeldrüse dringen tonale und elektromagnetische Frequenzen, die dabei helfen, den elektrischen Puls im autonomen Nervensystem und in der Knochenflüssigkeit in verschiedenen Rhythmen durch den Körper zu regulieren. Wenn aus irgendeinem Grund der Puls aus der Zirbeldrüse in Richtung Schädelbasis und Wirbelsäule unterbrochen ist, verursacht das Störungen im Nervensystem, die sogar zu Orientierungsverlust führen können. Beim Versuch einzuschlafen, können starke Zuckungen in den Beinen auftreten. Es fühlt sich an, als wollten die Nervenhüllen zurückgedrückt werden. Das kann sehr unangenehm sein. Drücke mit deinem Finger auf die Stelle zwischen den Augenbrauen, dort wo das Ajna-Zentrum (Stirnchakra) sitzt. Es steht in Verbindung mit der Zirbeldrüse. Lege nun deinen Finger auf die Mitte der Schädelbasis und lenke deine Aufmerksamkeit auf das Zentrum deines Gehirns. Falls diese Nervenstörung bei dir vorliegt, wirst du ein Lichtband sehen, das vom Gehirnzentrum in den Hirnstamm verläuft. Dieses Lichtband sieht aus wie ein Blitz oder wie Elektrizität. Atme direkt hinein und verlangsame es, bis es wie ein blauweißer Laser aussieht, der die Dicke eines Bleistifts hat. Nun lass das Licht pulsieren. Dein Geist wird die Pulse so einstellen, wie du sie brauchst, und dein ganzer Körper und dein Nervensystem werden sich entspannen. Mache diese Übung so lange, bis du dich wirklich völlig entspannt hast. Es kann bis zu einer Minute dauern. *E-3, Service One-on-One, Mystical Articulation, Merkabah.*

Veränderungen in den Essgewohnheiten

Dein Körper verlangt vielleicht nach sehr merkwürdigen Kombinationen. Er braucht nun verschiedene Nährstoffe in einer anderen Zusammensetzung als jemals zuvor. Vergiss nicht, dass die Veränderung auf Zellebene beginnt. Wirf also dein Regel-Buch über Ernährung fort. Ein anderes Symptom kann sein, dass du dich hungrig und unzufrieden fühlst, egal was oder wie viel du gegessen hast. Dein Körper braucht nun Licht als Nährstoff. Sprich zuerst die „Invokation des Wassers" über alles, was du isst oder trinkst. Dann gehe nach draußen und strecke die Handflächen in Richtung Sonne. Forme mit deinen Fingern ein Dreieck. Die Daumen bilden die Basis und die Zeigefinger die Seiten des Dreiecks. So bildest du ein energetisches Prisma. Bitte um das Licht hinter dem sichtbaren Sonnenlicht und fühle, wie es durch deine Handflächen in den Körper fließt. Nach zehn oder zwanzig Minuten wirst du dich satt fühlen, so als hättest du eine gute Mahlzeit eingenommen. *Heavenly Body, Ecstasy.*

Veränderungen in der Wahrnehmung

Im fortschreitenden Lichtkörper-Prozess verändert sich die Weise, wie du die Welt erlebst. Deine Sinne werden schärfer und öffnen sich den hellsichtigen Aspekten, die in ihnen verborgen liegen. Auch deine multidimensionale Wahrnehmungsfähigkeit öffnet sich. Hier ein paar der üblichen Symptome:

Übermäßig einfließende Sinneseindrücke: Manchmal verstärken sich ein oder alle deine Körpersinne. Falls das störend ist, konzentriere dich auf einen Sinn, dehne ihn aus und fahre die anderen sanft herunter. Das bringt die Sinne für gewöhnlich wieder ins Gleichgewicht. *Divine Expression, Magnificence, Gifts of the Holy Spirit.*

Ungeerdetsein: Erde dich multidimensional. Es ist hilfreich, die Aufmerksamkeit auf die Füße zu konzentrieren. Versuche, das Material zu fühlen, auf dem deine Füße stehen. Das bringt dich auch mehr in deinen Körper. *Fire of Purpose, E-3.*

Angst auf niedriger Ebene, Schwindel und Unbeholfenheit: Die Wahrnehmungsfähigkeit des Gehirns öffnet sich für Multi-Parallelen. Der Körper beginnt zu fühlen, dass er vielleicht in mehr als einer Realität gleichzeitig existiert. Wenn dir das Konzentrieren auf die Füße beim Erden nicht hilft, dann lege ein „Erdungskabel" vom Omegachakra (das 20 Zentimeter unter dem Steißbein liegt) durch die Wirbelsäule hoch in die oberen Chakren und erde dich in deine Größe, in deinen Geist. Lege sieben bis zwölf Lichtlinien aus dem Omegachakra nach unten, sodass sich die Linien kegelförmig um die Füße öffnen. Damit erdest du dich nicht in die Erde, sondern stabilisierst dich in die Parallelrealitäten des planetarischen Hologramms. Das Öffnen der Wahrnehmung über die Parallelen hinweg bedeutet für den Körper ein wahres Erdbeben. Stell dich in einen Türrahmen und halte dich links und rechts am Rahmen fest. Dein Körper wird sich sofort instinktiv beruhigen. Das hilft für gewöhnlich auch bei schweren Fällen. *Serenity, Mastery, Planetary Service, Divine Mother, Divine Expression.*

Objekte scheinen zu schmelzen, zu schimmern oder sich zu bewegen: Das ist eine typische Wahrnehmung, wenn du dich für multidimensionales Sehen öffnest. Du wirst vielleicht die Atombewegungen in Gegenständen fühlen, Parallelrealitäten und Energiefluss im Raum spüren oder Hellsichtigkeit entwickeln. Falls dich das irritieren sollte, denke daran, dass dein Körper jetzt, in dieser Parallele der dreidimensionalen Realität, existiert und du ihn dazu benutzen kannst, dein Bewusstsein erneut zu zentrieren. Dehne jeden deiner Körpersinne aus (außerhalb deiner Sicht) und dein Körper wird dich voll in deine gewohnte Realität bringen. Auch das Konzentrieren auf die Füße, wie zwei Absätze weiter oben beschrieben, hilft sehr. *Mystical Articulation, Subatomic Tonic, Magical Visions, Love Potion #9.*

Verschwommener Blick: Wenn du nach einer Meditation die Augen öffnest, kann es manchmal vorkommen, dass der Raum verschwommen wirkt. Das bedeutet, dass du zwischen physischer und hellsichtiger Sicht schwebst. Dein Sehvermögen ist weder hier noch dort. Versuche zu gähnen, um es wieder zu regulieren. Durch Gähnen kannst du deinen Körper und dein Bewusstsein durch verschiedene Energiefrequenzen bewegen oder die Ebenen der Wahrnehmungsfähigkeit verlagern. Schließe deine Augen und gähne mit der Absicht, dein Sehvermögen auf andere hellsichtige oder dimensionale Ebenen zu verlagern. Dein Sehnerv muss mehr Impulse verarbeiten als jemals zuvor. Verschwommene Sicht ist also durchaus üblich, vor allem auf der achten Lichtkörperebene. Selbst wenn sich deine Augen auf keine Distanz einstellen können, schlagen wir vor, dass du dir keine Brille verordnen lässt. Innerhalb einer Woche würdest du die Hellsichtigkeit verlieren. Dein physisches Sehvermögen ist mit den Wahrnehmungen deines Mentalkörpers verbunden. Wenn neue Wahrnehmungen in dein Gehirn und deinen spirituellen Körper hineinströmen, ist es normal, dass der Mentalkörper weniger beherrschend ist und die physische Sicht einmal abschaltet. Sie wird zurückkehren, wenn es auch vielleicht ein paar Monate dauert. *Mystical Articulation, Subatomic Tonic, Magical Visions, Love Potion #9.*

Hörstörungen: Sie sind auf der achten Lichtkörperebene recht normal. Wenn du jemandem zuhörst, kannst du zwar die Worte hören, doch dein Gehirn weiß nichts damit anzufangen. Deine Gehirntätigkeit wird nicht linear. Die Übersetzungsfähigkeit von nicht linearen Gedanken zu linearer Sprache funktioniert vielleicht noch nicht so richtig. Es gibt Lichtkörperebenen, in denen es scheint, als würden die Menschen eine fremde Sprache sprechen. Das kann sehr beängstigend sein, vor allem, wenn der Mentalkörper Paniksignale aussendet und Angst hat, verrückt zu werden. Du reagierst sehr empfindlich auf die Energie anderer Menschen. Auf diesem Planeten steht das, was Menschen verbal ausdrücken, zumeist nicht in Einklang mit dem, was sie energetisch sagen. Die meisten Menschen wissen aber nicht, dass sie lügen. Du wirst so empfindlich gegenüber den Energien der Menschen, dass du ihre verbalen Lügen nicht mehr entschlüsseln kannst. Die Phase der Hörstörungen ist recht kurz und fällt mit der Phase zusammen, in der die Übersetzung aus dem universalen Geist sowie die Fähigkeit, die Wahrheit in dir selbst und in anderen zu spüren, aufgebaut wird. Nimm einen Atemzug, lache und warte auf neue Instruktionen. *Mystical Articulation, Transpersonal Transformation.*

Hören von Piepgeräuschen, Tönen, Musik oder elektronischen „Morse-Codes“: Es kann sich um Tinnitus oder um Übertragung von höherem Licht handeln. Wir schlagen vor, dass du dich entspannst und das Signal durchkommen lässt. Mach dir keine Sorgen, falls du es nicht verstehst. Die Fähigkeit zu Übersetzen kommt mit der Zeit. *Mystical Articulation, Surrender, Yod, Gifts of the Holy Spirit.*

Gedächtnisschwund

Das ist ein ganz normales Symptom im Lichtkörper-Prozess. Da du mehr und mehr im Jetzt lebst, verlierst du die Fähigkeit,

Zugriff auf die Vergangenheit zu haben. Dabei kann es sich um die Unfähigkeit handeln, sich an karmische Muster oder Beziehungen zu erinnern, oder einfach darum, was man zum Frühstück gegessen hat. Es gibt viele Menschen, die Angst haben, sich im Anfangsstadium der Alzheimerschen Krankheit zu befinden. Bei einigen wenigen trifft das vielleicht wirklich zu, doch die Mehrheit lebt einfach mehr im Jetzt. Dieser Bruch mit der Vergangenheit kann sehr befreiend sein. An der Vergangenheit zu hängen, fördert die Angst vor Veränderung. Dir wird klar werden, wie viel Energie notwendig ist, die Vergangenheit zu konservieren, sich zu erinnern, immer wieder durchzukauen, was wohl gewesen wäre wenn oder immer am alten Trott festzuhalten. Einige Menschen finden es auch schwer, in die Zukunft zu projizieren. Auch das kann irritierend sein, denn vielleicht vergisst du Verabredungen. Die alte Welt konnte nicht funktionieren, ohne in der Vergangenheit zu leben, dabei in die Zukunft zu projizieren und mit der Uhr zu leben. Womöglich sogar mit einer Stoppuhr. In der neuen, gerade entstehenden Welt werden die Menschen durch ihren Geist leben und sich am Jetzt freuen. Je mehr du im Jetzt bist, um so mehr wirst du zu „einem Menschen in der Welt, aber nicht von ihr". Du lebst in einer anderen Welt als andere Wesen. *Alignment, Mystical Articulation, Surrender, Yod.*

Spiritueller Hochmut, spiritueller Ehrgeiz, spirituelle manische Depression

Fast jeder Mensch macht im Lichtkörper-Prozess diese Symptome durch. Für gewöhnlich auf der siebten, achten und neunten Ebene. Sie treten als Resultat des Versuchs auf, vor Scham, Schuld, Überlebensmustern und Gefühlen der Getrenntheit im physischen Körper wegzulaufen. Spiritueller Hochmut und spiritueller Ehrgeiz sind Abwehrreaktionen des Ego und leider merkt es kaum ein Mensch, wenn er in ihnen feststeckt. *Mastery, Transpersonal Transformation, Alignment, Planetary Service, Quantum Wealth, Surrender, Magical Visions, Love Potion #9.*

Durchbrennen von Glühbirnen und rauschende Elektrogeräte

Auf verschiedenen Ebenen des Lichtkörper-Prozesses wird dir auffallen, dass du eine ganze Menge neuer Glühbirnen kaufen musst. Du merkst, dass sie leicht durchbrennen oder flackern, wenn du in ihrer Nähe bist. Dein Fernseher produziert vielleicht Schnee oder Geisterbilder, wenn du ihm zu nahe kommst. Deine Lautsprecher hören sich vielleicht elektrostatisch an. Diese kleinen Ärgernisse werden durch Veränderungen in deinem elektromagnetischen Körper, deinem aurischen Feld, verursacht. Im Lichtkörper-Prozess dehnt sich der elektromagnetische Körper öfters einmal aus. Leider wissen wir nicht, was gegen diese Symptome getan werden kann. Versuche vielleicht, deine Energie auf die der Elektrogeräte auszurichten. Schalte dazu das Gerät ab und versuche, deine Felder mit dem des Gerätes zu vereinigen. Es ist normal, Probleme mit elektromagnetischen Frequenzen zu haben, denn du bist ihnen gegenüber empfindlicher als jemals zuvor. Vielleicht spürst du auch Radarstrahlen, elektromagnetische Wellen oder Strahlen aus dem Fernseher. Versuche, deine Felder mit denen der Geräte zu verschmelzen. *E-3, Subatomic Tonic, Yod.*

Die Essenzen

Oft haben wir Lichtarbeiter sagen hören: „Ich wünschte, man könnte diese Energie/Eigenschaft/Fähigkeit in eine Flasche stecken." Nun, wir haben es getan. Wir haben uns die planetarischen Energien angeschaut, mit denen ihr zurzeit und in naher Zukunft zu tun habt, und kreierten diese Essenzen, damit sie euch unterstützen können.

In der Vergangenheit enthielten die Essenzen Edelstein-, Blumen-, Edelgas- und Sternenlicht-Elixiere bestimmter Zusammensetzung. Außerdem energetisierten wir jede Essenz mit ihren höherdimensionalen Eigenschaften. Der hauptsächliche Zweck der Essenzen war, die höheren Frequenzen im physischen Körper zu erden und abzupuffern.

Am 30. Mai 1994 ergab sich eine dramatische Veränderung im göttlichen Plan für den Planeten Erde. Der Zeitplan für den Aufstieg wurde gestrafft. Aufgrund dieser Veränderung fanden wir es angemessen, die Essenzen nur noch aus reiner Frequenz herzustellen. Die oben genannten Essenzen und Elixiere werden nicht mehr benötigt, um eine Brücke zu bauen und die Energien zu mildern. Euere Körper sind mittlerweile fähig, die höherdimensionalen Frequenzen direkt aufzunehmen.

Diese Essenzen bestehen aus reinem, destilliertem Wasser und wurden von verschiedenen Mitgliedern des Konzils von Ain Soph aufgeladen. Sie sind intensiver als die früheren Essenzen und wir denken, dass ihr sie noch mehr lieben werdet.

Von der Quelle, im Dienst an der Quelle,
Ariel Elohim für das Konzil
von Ain Soph („die Besatzung")

Die hier beschriebenen Essenzen sind nur für den spirituellen Gebrauch. Es handelt sich nicht um medizinische Präparate und wir empfehlen nicht, sie für medizinische Zwecke zu verwenden.

Alignment (Ausrichtung)

Diese Essenz richtet jeden Teil deines Selbst auf die „Eine Wahrscheinlichkeit", die Erde, den Geist und die Menschheit aus. Polaria-, Sieg- und Harmonie-Elohim haben diese Essenz energetisiert.

Divine Expression (Göttlicher Ausdruck)

Diese Essenz hilft dir, dich der Kreativität und dem Ausdruck des Geistes zu öffnen, besonders dem Tönen. Einige Menschen haben diese Essenz als sehr hilfreich bei der Besänftigung von Ängsten empfunden. Coronis in einer Flasche.

Divine Mother (Göttliche Mutter)

Hilft, Zugang zu den weiblichen Eigenschaften der Göttlichkeit zu finden. Nahrung für den Körper. Trägt die Energien des Trostes, des Mitgefühls und der Ernährung. Hilft bei „kosmischem Heimweh". Diese Essenz wurde von den Repräsentantinnen der Göttlichen Mutter aufgeladen: Isis, Mutter Maria, Kwan Yin und TaMa.

Ecstasy (Ekstase)

Öffnet alle Körper für die Fähigkeit, göttliche Ekstase zu empfinden. Hilft den fünft-, sechst- und siebtdimensionalen Strukturen, sich zu verbinden. Macht aus allen Polaritäten Trinitäten und hilft der Kundalini zu erwachen. Isis, Osiris, Polaria, Harmonie- und Gnaden-Elohim energetisieren diese Essenz.

E-3 (Essential Evolutionary Encodements) (Grundlegende Evolutionskodierungen)

Diese Essenz hilft, die in der DNS vorhandenen multi-universalen und Multi-Spezies-Kodierungen zu integrieren. Diese genetischen Kodierungen wurden bereits aktiviert und multi-universale Orientierungen geschehen. E-3 hilft, außerirdische Wahrnehmungen und Orientierungen in dein Menschsein zu integrieren (und in einem größeren Rahmen auch in das Lebenshologramm des Planeten Erde). *E-3* öffnet verschlossene Systeme im Mentalkörper und hilft ihm, dem Geist zu folgen. Außerdem integriert E-3 ein umfassenderes Verstehen der eigenen Identität. Es unterstützt das Gefühl gegenseitiger Verbundenheit im Universum sowie das Gefühl deiner Bewusstheit von dir in anderen Spezies, auf anderen aufsteigenden Planeten, innerhalb und außerhalb des Liebes-Universums. E-3 ermöglicht dir, deine eigene, hinter dem menschlich-kulturellen Kontext verborgene Essenz anzuerkennen. E-3 lindert Mensch-Zentrierung, Fremdenfeindlichkeit und hilft, neue Gehirntätigkeiten, nicht menschliche Fähigkeiten und Wahrnehmungen zu entdecken. Du wirst zu einem Koordinierungspunkt für den Aufstieg multipler Universums-Systeme, multipler Planeten, multipler Spezies und du wirst deine essentielle Natur in deiner menschlichen Form manifestieren können. Energetisiert vom gesamten Konzil von Ain-Soph.

Fire of Purpose (Feuer des Lebenssinns)

Verschafft klaren, konzentrierten und freudvollen Zugang zu deiner Rolle innerhalb des göttlichen Plans und hilft dabei, sie zu manifestieren. Aru-Kiri in einer Flasche.

Gifts of the Holy Spirit (Gaben des Heiligen Geistes)

Bereitet die Körper auf den Empfang der Gaben des Heiligen Geistes vor. Hilft, Zugang zur Christus-Ebene der Überseele zu bekommen und sie zu manifestieren. Baut eine Frequenz-Brücke zum Ich-Bin. Energetisiert vom Heiligen Geist Shekhina.

Group Synergy (Gruppen-Synergie)

Verstärkt evolutionäre Synergien und Gitter. Gibt Gruppenzielen und -visionen Ausrichtung und klaren Fokus. Energetisiert vom Christusbewusstsein.

Heavenly Body (Himmlischer Körper)

Hilft, deine Vision deines perfekten Körpers zu materialisieren. *Heavenly Body* ist für alle nützlich, die ihren Körper neu und in einem besseren Gesundheitszustand erschaffen, ihr Gewicht und ihren Körpertypus verändern möchten und neue Bewegungen, Fähigkeiten und Anmut in ihren Körper bringen wollen. Durch *Heavenly Body* kannst du sehr schnell herausfinden, was deinen Körper in der jeweiligen Verfassung hält. Diese Essenz hilft, Gedanken zu formen. Wundervoll für Tänzer, Kampfsportler, Athleten, Krafttrainer etc. Energetisiert von ZeOr.

Home Sweet Home Enviro-pack (Heim-trautes-Heim-Lebensraum-Paket)

Jeder Mensch braucht ein energetisch sauberes und sicheres Zuhause. Dieses Paket besteht aus drei Teilen. Der erste Teil, *Cleanse* (Reinigung), klärt alte Gedankenformen, Emotionen, astrale Rückstände, Geister und jegliche alte Energie. Der zweite Teil, *Seal* (Siegel), versiegelt den gereinigten Raum und macht ihn zu einem sicheren Hafen für dich als Meister. Diese Essenz hilft dir, Harmonie und Einheit in deinem Körper aufrechtzuerhalten, und unterstützt klare Kommunikation mit dem Geist. Der dritte Teil ist Tachis eigene Mischung aus heiligem Salz. Damit werden Türen und Fenster versiegelt, sodass astrale Einflüsse und andere negative Energien nicht in deinen Lebensraum eindringen können. Das *Enviro-pack* wird mit praktischem Etui und Anleitung geliefert. Energetisiert von Reinheits-Elohim, Uriel und Aru Kiri.

Love Potion #9 (Liebes-Essenz Nr. 9)

Hilft, das Herzchakra in immer tiefere Ebenen zu öffnen, und löst die Verpanzerung des Chakras auf. Dadurch hilfreich bei Schmerzen im Brustkorb und im oberen Rücken. Erweitert die eigene Fähigkeit, bedingungslose Liebe zu erfahren und auszudrücken. Energetisiert von Elohim Michael und den kollektiven Goldenen Engeln. Reichlich anwenden.

Magical Visions (Magische Visionen)

Öffnet das Sehvermögen des magischen Kindes. Hilft dir, deine Realität als Magie, Wunder und Spiel wahrzunehmen. Öffnet dich für die Wunder und die Schönheit der oberen Astralwelten. Das Elfenreich unterstützt unseren Aufstieg in die vierte Dimension. Seine Repräsentanten haben diese Essenz energetisiert: Arianna, Pan, Leuchtender Blitz, Skorm, Alia na Morigan, El Veron, Merlin und Hoffnungs-Elohim.

Magnificence (Herrlichkeit)

Integriert neue Frequenzen in alle Körper. Hilft bei allen Symptomen der Mutation und des Abstiegs. Lässt den Körper sich darauf freuen, zu Licht zu werden. Energetisiert von Kwan Yin und Polaria.

Mastery (Meisterschaft)

Manifestiert die fünftdimensionale Identität und Vision. Es geht darum, den Meister zu leben, der wir sind und den Himmel auf Erden zu erschaffen. Energetisiert von Ariel und Serapis.

Merkabah

Öffnet und balanciert alle Drehpunkte in den geometrischen Figuren der Merkabah. Hilft, die Merkabah-Funktion zu verstehen. Hilft der Konzentration und dem pranischen Atem. Unterstützt den vollbewussten Kontakt mit dem Geist. Energetisiert von Melchizedek, Michael, Uriel und Metatron.

Mystical Articulation (Mystischer Ausdruck)

Bio-Transduktor-Verstärker, um Zugang zu Lichtsprachen zu erhalten und sie übersetzen zu können. Öffnet den bewussten Verstand für multidimensionale Wahrnehmung. Besonders gut für Menschen, die sich nach der Meditation an nichts erinnern können oder generell wenig in der Meditation erleben. Gut bei Mutationskopfschmerz und niedriger Endorphin-Produktion. Hilfreich bei allen Symptomen der achten Lichtkörperebene. Eine Formel von Merlin und Metatron.

Pathcutter (Wegbereiter)

Eine Formel zum Loslassen auf Zellebene. Löst Dichte, Überlebensmuster und Karmamatrizen auf, die um und im physischen Körper festgehalten werden. Hilft, sich auszudrücken und Emotionen loszulassen. Sehr vorsichtig und nur unter Anleitung des Geistes anwenden. Sehr intensiv, hilft jedoch ausgezeichnet. Energetisiert von Reinheits-Elohim.

Planetary Service (Planetarischer Dienst)

Diese Essenz ist für Menschen, die mit dem Planeten, den planetarischen Gittern, Landmassen oder anderen großen Dingen arbeiten. Verhindert, dass sich die Lichtkörper-Drähte überhitzen. Hilft, Energien und multidimensionale Wahrnehmungen für effizientere Lichtarbeit sanft in den physischen Körper zu bringen. Hilft, Bewusstsein zu verlagern, spirituellen Hochmut und Ehrgeiz zu lindern und Mitgefühl für andere Menschen zu behalten. Lindert bei Schwierigkeiten zwischen fünftdimensionaler Orientierung und drittdimensionaler Manifestation. Energetisiert vom medizinischen Team bestehend aus ZeOr, Kwan Yin und Uraeus.

Quantum Wealth (Quanten-Wohlstand)

Auch bekannt unter IMF (Interdimensionaler Monetärer Fluss). Hilft, auf allen Ebenen zu verstehen und zu integrieren, dass der Geist der Ernährer ist. Hilft dir, dich für Quanten-Wohlstand zu öffnen. Eine Synergie der Energien von Aru Kiri, Sieg- und Glaubens-Elohim.

Serenity (Ruhe, Gelassenheit)

Lässt dich Gelassenheit inmitten jeder extremen Veränderung bewahren, sei sie persönlich, planetarisch oder mutational. Lindert Schocks und Traumata, die von Transformation herrühren. *Serenity* durchdringt Ängste und die Neigung, sich auf negative Aspekte zu konzentrieren. Hilft, die Vollkommenheit des göttlichen Plans in allen Dingen zu sehen und den Himmel auf Erden zu leben, den der Geist um dich herum erschafft.
Entstanden unter der Schirmherrschaft von Friedens- und Sieg-Elohim.

Service One-on-One (Dienst am Nächsten)

Für alle, die individuell mit anderen Menschen arbeiten. Diese Essenz ist wie ein Tonikum zur „Verkabelung" des Körpers. Es hält die axiatonalen Linien offen und garantiert einen sanften Fluss beim Handauflegen. Hält deinen Körper im Gleichgewicht, egal welche Energie bei deinem Klienten durchkommt. Du kannst deinen Klienten klar wahrnehmen, ohne seine Energie aufzunehmen. Stärkt Diagnose- und Beratungsfähigkeiten. Lindert karmische Monaden (Heiler/Geheilter, Retter/Geretteter, Guru/Schüler). Hilft dir, im Umgang mit Klienten transpersonal zu bleiben und die Perspektive der fünften Dimension aufrechterhalten zu können. Energetisiert von Kwan Yin und Adama Rex.

Subatomic Tonic (Subatomares Tonikum)

Für die molekulare Integration einer neuen Oktave des Geistes. Ich bat um diese Essenz zur Unterstützung des Erweckens und zur Integration von Teleportation, Apportation und Translokation sowie zur Manifestierung der Gaben des Heiligen Geistes. Energetisiert vom Heiligen Geist Shekhina.

Surrender (Hingabe)

Hilft, dank Hingabe an den Geist, durch das Tor des Erwachens zu gehen. Hilft, verschlossene Systeme, Ego-Abwehrmechanismen, Ablehnung und Widerstand aufzulösen. Energetisiert vom gesamten Konzil von Ain Soph.

Transpersonal Transformation

Hilft dem physischen Körper und dem Emotionalkörper, den Sprung von persönlichen zu transpersonalen Beziehungen zu machen. Besonders hilfreich im Zusammenhang mit Partnern und Verwandten. Energetisiert von Gnaden-Elohim und El Veron.

Universal Detox (Universale Entgiftung)

Hilft den Körpern, den Widerstand gegen Veränderung aufzugeben. Auch bei Suchtverhalten. Bringt Vitalität und hilft dir, dich genährt zu fühlen. Balanciert Yin/Yang, fördert Veränderung ohne Verneinung und schafft neue Visionen der Gesundheit. Klärt Toxine (destruktive Gedanken und Emotionen) aus den Energiekörpern, sowie Geister, Mikrowellen, Bande, Gelübde, vergangene Entscheidungen bezüglich Gesundheit, Sucht, viertdimensionale Verzerrungen und Bilder von anderen Menschen. Klärt toxische Rückstände aus den ätherischen Blaupausen. Sehr sparsam anwenden und nur in Verbindung mit einer guten Entgiftungskur für den Körper. Entstanden unter der Schirmherrschaft von Gnaden- und Reinheits-Elohim

Yod

Trägt die Energien der Vollendung, Reinigung und Mobilisierung. Diese Essenz einzunehmen ist so ähnlich wie das Auto aufzumöbeln und startbereit zu sein. Für die Phase I: YOD, P.H.O.E.N.Y.X. O.F. Y.A.H.-Programm. Energetisiert von der Takh-Gruppe.

Bezugsquellen für diese Essenzen können Sie erfragen bei:
Hans-Nietsch-Verlag, Poststr. 3, 79098 Freiburg

Die Invokationen

Seid gegrüßt, Lichtarbeiter!

Wir haben diese Invokationen durchgegeben, damit sie euch in dieser Inkarnation auf der Erde unterstützen mögen. Zurzeit sind sieben bis acht Millionen Lichtarbeiter inkarniert, um dem Planeten bei seinem Aufstieg in die Dimensionen des Lichts zu helfen.

Die Invokationen sind so angelegt, dass sie euch helfen, den Lichtkörper aufzubauen, den Geist zu verkörpern, eure Körper zu heilen und ins Gleichgewicht zu bringen und auf dem Pfad der Freude zu wandeln.

Die Technik des vereinigten Chakras ist sehr hilfreich, wenn sie solange mehrmals am Tag ausgeübt wird, bis sie fast von selbst abläuft. Sie baut den Lichtkörper auf, vereinigt deine Körper mit dem Geist und lässt dich dein Leben in maximaler Empfänglichkeit und minimalem Stress leben.

Die Invokation des Lichtes ist eine wahre Freude für jene, die sie täglich anwenden. Sie lässt deine Schwingung sanft ansteigen und hilft dir, dich höheren Lichtfrequenzen zu öffnen. Sie ist deine Absichtserklärung als Lichtarbeiter.

Die Invokation des Wassers wird für Nahrung und Getränke benutzt, um deren Schwingung auf eine höhere Ebene zu heben. Sie kann auch für dein Dusch- oder Badewasser, für Benzin, Wandfarben ... verwendet werden. Die meisten Menschen verwenden sie als Segnung vor einer Mahlzeit.

Die Invokation der Strahlen kann für viele Dinge benutzt werden. Zum Beispiel für Heilung (für dich selbst oder für andere) oder um Zugang zu Informationen und Energien zu bekommen oder für Schutz und Transformation. Wir schlagen vor, dass du dich mit diesen Ausströmungen des Lichts vertraut machst. Auch möchten wir dir empfehlen, jeden Strahl, den du visualisierst, mit dem silbernen Strahl der Gnade zu kombinieren. Lass ihn glitzern und glänzen!

Die Invokation der Eigenschaften kann zusammen mit den Strahlen verwendet werden. Sie korrespondieren mit einigen Aspekten der Ausstrahlung. Sie können auch allein angewandt werden, wenn du eine bestimmte Eigenschaft in dir oder deinem Raum erwecken möchtest.

Diese Invokationen sind verschlüsselte Sätze. Das heißt, dass in jedes Wort Schichten von Energie gelegt wurden. Deshalb empfehlen wir, die Worte nicht zu verändern.

Wir danken dir für deine Anwesenheit auf dem Planeten zu dieser Zeit. Es ist wunderbar, dich in deinem Dienst und deiner Hingabe an das Licht zu beobachten.

Bitte und es wird dir gegeben, um dich zu unterstützen. Wir lieben dich und sind immer mit dir.

Von der Quelle und im Dienst an der Quelle
Erzengel Ariel

Invokation des vereinigten Chakras

Ich atme Licht
durch das Zentrum meines Herzens ein
und öffne es
zu einer wunderschönen Lichtkugel.
Ich lass zu, dass ich mich ausweite.

Ich atme Licht
durch das Zentrum meines Herzens ein
und erlaube, dass es sich ausdehnt.
Es dehnt sich durch mein Halschakra
und mein Solarplexuschakra aus
und schafft ein vereinigtes Feld aus Licht
in meinem Körper, durch meine Körper
und um meine Körper herum.

Ich atme Licht
durch das Zentrum meines Herzens ein
und erlaube, dass es sich ausdehnt.
Es dehnt sich durch mein Stirnchakra
und mein Sakralchakra aus
und schafft ein vereinigtes Feld aus Licht
in meinem Körper, durch meine Körper
und um meine Körper herum.

Ich atme Licht
durch das Zentrum meines Herzens ein
und erlaube, dass es sich ausdehnt.
Es dehnt sich durch mein Kronenchakra
und mein Basischakra aus
und schafft ein vereinigtes Feld aus Licht
in meinem Körper, durch meine Körper
und um meine Körper herum.

Ich atme Licht
durch das Zentrum meines Herzens ein
und erlaube, dass es sich ausdehnt.
Es dehnt sich durch das Alphachakra

über meinem Kopf
und das Omegachakra
unterhalb meiner Wirbelsäule aus
und schafft ein vereinigtes Feld aus Licht
in meinem Körper, durch meine Körper
und um meine Körper herum.
Ich erlaube der Welle von Metatron
zwischen ihnen zu resonieren.
Ich bin eine Einheit des Lichts.

Ich atme Licht
durch das Zentrum meines Herzens ein
und erlaube, dass es sich ausdehnt.
Es dehnt sich durch mein achtes Chakra
über meinem Kopf
und meine Oberschenkel aus
und schafft ein vereinigtes Feld aus Licht
in meinem Körper, durch meine Körper
und um meine Körper herum.
Ich erlaube meinem Emotionalkörper,
mit meinem physischen Körper zu verschmelzen.
Ich bin eine Einheit des Lichts.

Ich atme Licht
durch das Zentrum meines Herzens ein
und erlaube, dass es sich ausdehnt.
Es dehnt sich durch mein neuntes Chakra
über meinem Kopf
und meine Waden aus
und schafft ein vereinigtes Feld aus Licht
in meinem Körper, durch meine Körper
und um meine Körper herum.
Ich erlaube meinem Mentalkörper,
mit meinem physischen Körper zu verschmelzen.
Ich bin eine Einheit des Lichts.

Ich atme Licht
durch das Zentrum meines Herzens ein
und erlaube, dass es sich ausdehnt.

Es dehnt sich durch mein zehntes Chakra
über meinem Kopf
und bis unter meine Füße aus
und schafft ein vereinigtes Feld aus Licht,
in meinem Körper, durch meine Körper
und um meine Körper herum.
Ich erlaube meinem spirituellen Körper,
mit meinem physischen Körper zu verschmelzen.
Ich bin eine Einheit des Lichts.

Ich atme Licht
durch das Zentrum meines Herzens ein
und erlaube, dass es sich ausdehnt.
Es dehnt sich durch mein elftes Chakra
über meinem Kopf
und bis unter meine Füße aus
und schafft ein vereinigtes Feld aus Licht
in meinem Körper, durch meine Körper
und um meine Körper herum.
Ich erlaube meiner Überseele,
mit meinem physischen Körper zu verschmelzen.
Ich bin eine Einheit des Lichts.

Ich atme Licht
durch das Zentrum meines Herzens ein
und erlaube, dass es sich ausdehnt.
Es dehnt sich durch mein zwölftes Chakra
über meinem Kopf
und bis unter meine Füße aus
und schafft ein vereinigtes Feld aus Licht
in meinem Körper, durch meine Körper und
um meine Körper herum.
Ich erlaube der Christus-Überseele,
mit meinem physischen Körper zu verschmelzen.
Ich bin eine Einheit mit dem Licht.

Ich atme Licht
durch das Zentrum meines Herzens ein
und bitte die höchste Ebene meines Geistes,

durch dieses Zentrum meines Herzens zu strahlen und
dieses vereinigte Feld völlig auszufüllen.
Ich strahle an diesem heutigen Tage.
Ich bin eins mit dem Licht.

Invokation des Lichts

Ich lebe im Licht.
Ich liebe im Licht.
Ich lache im Licht.

Ich werde getragen und genährt
von Licht.
Ich diene voller Freude dem Licht.

Ich bin Licht.
Ich bin Licht.
Ich bin. Ich bin. Ich bin.

Invokation des Wassers

Ich nehme das Wasser des Lebens
und erkläre es zum Wasser des Lichts.
Ich führe es meinem Körper zu,
damit es ihn zum Leuchten bringe.
Ich nehme das Wasser des Lebens
und erkläre es zum Wasser Gottes.
Ich bin ein Meister in allem, was ich bin.

Invokation der Klarheit

Ich stehe in der Unendlichkeit, jetzt.
Alle Wege stehen mir offen.

Ich liebe in der Unendlichkeit, jetzt.
Alle Wege sind für mich klar.

Ich lache in der Unendlichkeit, jetzt.
Ich kenne alle Wege.

In diesem unendlichen Jetzt liegt alle Kraft.
In diesem unendlichen Jetzt liegt alle Liebe.
In diesem unendlichen Jetzt liegt alle Klarheit.

Ich handle im Fluss des Geistes.
Ich führe aus, liebe und weiß
Alles-Was-Ist.

Invokation der Einheit

Ich bin ein gechristetes Wesen.
Ich bin eins mit dem Geist.

Ich bin ein gechristetes Wesen.
Ich bin eins mit Allem-Was-Ist.
Das Licht meines eigenen Wesens
erhellt meinen Weg.

Ich bin ein gechristetes Wesen.
Ich bin eins mit Allem-Was-Sein-Wird.
Ich trage das strahlende Licht der Quelle
in meinem Herzen.

Ich schreite in Einheit mit dem Geist.
Ich lache in Einheit mit der Quelle.
Ich liebe in Einheit mit allen Lebewesen.

Ich bin ein gechristetes Wesen.
Ich bin eine Brücke zwischen Himmel und Erde.
Invokation des roten Strahls

Ich rufe die Elohim
des rubinroten Strahls,
strahlt euer Licht in meinen Körper.

Ich rufe die Elohim
des rubinroten Strahls,
ergießt die Stärke der Quelle
in jede Zelle meines Körpers,
damit mein Körper im Licht
neu erschaffen werden kann.

Möge das rubinrote Licht
alle Beschädigungen in meinen Zellen heilen,
allen Stress und Schmerz lösen
und alle Ängste vor Veränderung beruhigen.

Mein Körper ist ganz im Licht.
Mein Wesen ist ruhig im Licht.
Ich besitze die Stärke der Quelle.

Invokation der Ruhe

Ich gehe nach innen
und öffne die Blätter des kristallenen Lotos.

Ich gehe nach innen,
und wie der Lotos erblüht,
beruhigen sich mein Verstand,
mein Körper und meine Emotionen.
Wie mein Bewusstsein in das Zentrum des Lotos tritt,
erfahre ich Ruhe mit meinem Ich bin.
Ich fließe in der Ruhe des Geistes.

Wie ich in dem Lotos sitze,
weiß ich, dass der Buddha
Ich bin.
Invokation des orangefarbenen Strahls

Ich rufe die Elohim
des orangefarbenen Strahls,
damit sich die Vitalität Gottes
in meinen Körper ergießt.

Ich rufe den orangefarbenen Strahl,
damit er meine göttliche Kreativität erweckt.

Ich rufe den orangefarbenen Strahl,
damit er meine Liebe und meine Verbindung
mit dem Planeten vertieft.

Ich bin ein Meister des Flusses und der Veränderung,
ich fühle die Schönheit aller Schöpfung.

Invokation der Kreativität

Ich sprudle über vor göttlichem Ausdruck.
Der Funke der Kreativität
ist der Funke des Lebens.
Ich forme Realitäten wie feinen Ton.

Ich bin der Meisterkünstler meines Lebens,
ich erschaffe Visionen des Planeten im Licht,
und siehe, das Licht ist da.

Ich male die Porträts freundlicher Menschen,
und siehe, mehr Liebe ist in der Welt.

Ich singe von der Bewegung des Geistes,
und siehe, ich schwebe!

Invokation des gelben Strahls

Ich rufe die Elohim
des topasfarbenen Strahls,
damit sich göttliche Realisation
in meinen Körper ergießt.

Durch den gelben Strahl
erwecke ich meine göttliche Aufgabe.

Ich rufe den gelben Strahl,
damit er meinen Sinn des Dienstes
an der Vision der Quelle stärkt.

Ich rufe den topasfarbenen Strahl,
damit er mein Ego besänftigt
und ich mich dem Geist hingeben kann.

Invokation des Erwachens

Ich rufe das Kind, das Ich bin,
damit es meine Hand nimmt und mich Freude lehrt.

Ich rufe das Kind, das Ich bin,
damit es mich die Freude des Entdeckens lehrt,
in allen Welten, in denen Ich bin.

Ich nehme meine Hand und tanze
mit den Mustern der Galaxien.
Ich öffne mein Herz und singe
mit den Mustern der Meisterschaft.

Ich bin das Kind, das Ich bin,
und ich erwecke alles, was ich sein kann.
Ich erwecke Ich bin.

Invokation des grünen Strahls

Ich rufe die Elohim
des smaragdgrünen Strahls,
damit sich die Fülle in meinen Körper ergießen kann.

Ich rufe die Elohim
des smaragdgrünen Strahls,
damit ich mit dem göttlichen Fluss verbunden werde.
Wie oben, so unten.

Ich rufe den grünen Strahl,
damit die völlige Öffnung meines Herzens gestärkt wird.

Ich rufe den smaragdgrünen Strahl,
damit er mir bei der Schaffung meiner Fülle hilft.
Wie oben, so unten,
alles ist Liebe, alles ist Fluss.

Invokation des göttlichen Flusses

Ich bin das Universum, ich schaffe mich selbst neu.
Ich bin das Universum, das zu sich selbst,
durch sich selbst und von sich selbst fließt
und alles erschafft, was ich sehe.

Ich bin der göttliche Fluss von Allem-Was-Ist.
Meine Bewegung ist Überfluss.
Ich bin das Universum, ich schaffe mich selbst neu,
um in Fülle zu fließen.

Invokation des blauen Strahls

Ich rufe die Elohim
des saphirblauen Strahls,
damit sich das Licht der heiligen Übertragung
in meinen Körper ergießen kann.

Ich rufe die Elohim
des Saphirstrahles,
damit göttliche Wahrheit
durch meinen Körper fließen kann,
auf dass ich in Wahrheit zu sagen vermag
wer Ich bin.

Ich rufe den saphirblauen Strahl,
damit er mir hilft, Liebe zu kommunizieren
und mein Licht in Licht zu übertragen.

Ich rufe die Elohim
des saphirblauen Strahls,
damit meine Stimme besänftigt wird,
auf dass alle die Wahrheit Gottes hören mögen.

Invokation des Lachens

Manche sagen, Lachen sei die beste Medizin.
Manche sagen, Lachen ist das Gegengift zur Sünde.

Manche sagen, Lachen ist Zeitverschwendung.
Doch ich sage dir, Lachen ist vollkommen göttlich.

Auf diesem Planet leben eine ganze Menge ernsthafter Menschen,
sie begreifen einfach nicht den kosmischen Witz.

Und einige verbringen ihr ganzes Leben in ernster Bemühung
um das, was sie „göttliche Wahrheit" nennen.
Doch ich habe in den Himmeln einen Witz gehört ...
Lachen ist Wahrheit –
und die Pointe ist Liebe.

Invokation des indigofarbenen Strahls

Ich rufe die Elohim
des indigofarbenen Strahls,
damit mein drittes und viertes Auge
erweckt und gestärkt werden können,
denn ich entscheide mich zu sehen.

Ich rufe die Elohim des sternsaphirnen Strahls,
damit der Stern erweckt werde,
der die Erinnerung enthält, wer Ich bin.

Ich rufe die Elohim des indigofarbenen Strahls,
damit die Speicherzelle aktiviert werden möge,
auf dass ich mich erinnern und verstehen kann.

Invokation des Universums

Ich bin das Universum.
Ich bin die Drehung und das Wirbeln der Galaxien.
Ich bin die Bewegung der Planeten auf ihrer Laufbahn.
Ich bin ein Komet am Nachthimmel.

Ich bin ein menschliches Wesen,
das sich im Fluss des Geistes bewegt.
Ich bin ein Atom,
das Alles-Was-Ist enthält.

Ich bin das Universum
und lache, während ich tanze.
Ich bin Leben.

Invokation des violetten Strahls

Ich rufe die Elohim
des violetten Strahls,
damit sich göttliche Transformation ergieße
durch alles, was Ich bin.

Ich rufe den Amethyststrahl,
damit er jede meiner Zellen und
jedes Atom meiner Körper
in höheres Licht transformiert.

Ich rufe die violette Flamme,
damit sie in meiner Seele brennen möge
und alle Schleier auflöst,
die mich vom Geist trennen.

Ich rufe die violette Flamme
damit sie meine Illusionen
und meine Widerstände verbrennt
und meine Angst in Liebe verwandelt.

Invokation der Hüter der Flamme

Ich bin ein Hüter der Flamme.
Ich trage sie
in alle Teile dieser Welt.

Ich bin ein Hüter der Flamme
Ich trage sie
in jeden Teil meines Wesens.

Ich halte die Flamme Gottes hoch,
damit alle das strahlende Licht
des göttlichen Plans sehen mögen.

Ich bin ein Hüter der Flamme,
und ich trage sie in viele Welten,
auf dass alle das Licht kennen mögen
und es weitertragen.

Invokation des goldenen Strahls

Ich rufe die Elohim des goldenen Strahls,
damit sie göttliche Weisheit in mein Bewusstsein ergießen.

Ich rufe die Elohim des goldenen Strahls,
damit sie die Maße und Gewichte,
das Gleichgewicht und die Ausmaße
des Universums enthüllen.

Ich rufe die Elohim des goldenen Strahls,
damit mein Geist erleuchtet wird,
auf dass ich voller Frieden und Verstehen
wachsen kann.

Möge ich in meinen Handlungen weise sein,
ausgeglichen in meinen Emotionen,
friedvoll in meinem Geiste.

Invokation der Meisterschaft

Ich bin ein Meister,
der durch die Dimensionen tanzt.

Ich bin ein Meister der Möglichkeiten,
der die Morgen in das Jetzt webt.

Ich bin ein Meister der Ausgeglichenheit,
der auf dem Drahtseil des Lebens hüpft.

Ich bin ein Meister,
dessen Stärke das Mitgefühl ist.

Ich bin ein Meister,
der mit der Unendlichkeit spielt.

Ich bin ein Meister,
der die Sterne kitzelt.

Invokation des silbernen Strahls

Ich rufe die Elohim des silbernen Strahls,
damit sich göttliche Gnade in meine Körper ergießen kann.

Ich rufe die Elohim des silbernen Strahls,
damit alle karmischen Muster und
aller unterdrückte Groll aufgelöst werden können
und ich Freude kennen mag.

Ich rufe die Elohim der Gnade,
auf dass mein Wesen mit Vergebung,
mein Leben mit Dankbarkeit
und mein Herz mit Feierlichkeit angefüllt wird.

Ich rufe die Elohim des silbernen Strahls,

damit meine Bindungen von Kleinlichkeit befreit werden,
damit das Joch des Hasses gebrochen
und meine Seele befreit wird.

Invokation der Freude

Ich hab ein Kitzeln in den Zehen,
das mich auf der Straße tanzen lässt.
Ich hab ein Kichern in meinem Bauch,
das mich alle umarmen lässt, die ich sehe.
Ich hab eine Quelle in meinem Herzen,
die Liebe in die Welt versprüht.
Ich kenne die Freude des Geistes,
und darum lache ich in meiner Seele.
Ich habe Freude am Leben,
und darum feiere ich das Licht.

Invokation des kupferfarbenen Strahls

Ich rufe die Elohim des kupferfarbenen Strahls,
damit sie mir die göttliche Blaupause des Lebens zeigen.

Ich rufe die Elohim des kupferfarbenen Strahls,
damit sie mir die Muster meiner Existenz zeigen.

Ich bitte darum, dass der Kupferstrahl
alle Primärstrahlen in meinen Körpern
verbindet und unterstützt.

Ich rufe die Elohim des kupferfarbenen Strahls,
damit sie mich im Spiralentanz führen,
auf dass ich ins Licht aufsteigen kann.

Invokation des Spiralentanzes

Aus meiner Mitte rufe ich die Spirale.
Ich drehe mich, ich leuchte.

Aus meiner Mitte lass ich die Spirale wachsen
im Heim meiner Seele.

Ich dehne meine Seele aus und lass sie sich drehen.
In meinem Körper beginnt der Tanz.

Die Spirale wächst und hat ihre Spitze in meinem Herzen.
Sie umgibt meinen Körper und das Vibrieren beginnt.

Vom höchsten Geist in die Seele.
Wie oben, so unten.

Eine andere Spirale, die vom Christus kommt,
und aus einem höheren Licht geschaffen ist,
trifft auf meine Spirale,
stimmt sich vollkommen in ihr Schwingen ein
und bringt die Spitze tief in mein Inneres.

Wo sie sich berühren,
zieht eine Flamme so hell, so strahlend,
meinen Körper ins Licht.

Es ist der Christus in mir,
der die Galaxien sich drehen lässt.

Ich bin vom Licht ganz hingerissen,
so lass uns den Spiralentanz tanzen.

Invokation des türkisfarbenen Strahls

Ich rufe die Elohim des türkisfarbenen Strahls,
damit sie mich durch den Ozean
des göttlichen Bewusstseins führen.

Ich rufe den Türkisstrahl,
damit er mich mit all meinen Inkarnationen verbindet.

Ich rufe den Türkisstrahl,
damit er mich mit all meinen Manifestationen verbindet.

Ich bin eins mit dem größeren Bewusstsein.
Ich bin göttliche Verbindung,
wir tauchen ins Licht und lachen.

Invokation des Fliegens

Ich fühle ein Kribbeln in meinem Rücken.
Ich fühle das Gewicht auf meinen Schultern.
Ich fühle, wie sich meine Schwingen ausdehnen.

Ich höre den Ruf des Windes
und bereite mich vor zu fliegen.
Ich rieche die Freiheit im Himmel.
Ich berühre die Schwelle des Wunders,
indem ich langsam abhebe.

Ich liebe das Gefühl des Schwebens.
Ich kenne die Erregung beim Tauchen.
Ich erhelle den Himmel mit Leuchten,
wenn ich das Gesicht Gottes küsse.

Invokation des rosafarbenen Strahls

Ich rufe die Elohim des rosafarbenen Strahls,
damit sie göttliche Einheit ausgießen.

Ich rufe die Elohim des rosafarbenen Strahls,
damit sie mir helfen,
mein Christus-Selbst zu akzeptieren.

Ich rufe die Elohim des rosafarbenen Strahls,
damit sie göttliche Liebe in meine Körper ausgießen.

Möge die Liebe des Christus
durch mich fließen.
Möge die Einheit des Geistes
durch mich arbeiten.

Ich bin ein gechristetes Wesen.
Ich bin in Einheit mit der Quelle.

Invokation des Dienens

Im Namen des Christus bitte ich,
vom Licht gestützt zu sein.

Im Namen Gottes bitte ich,
in meinem Dienst am Einen
geführt und unterstützt zu sein.

Im Namen der Quelle bitte ich,
dass der Heilige Geist Shekhina mich anfüllt
mit seinen Gaben,
auf dass ich noch besser dienen kann.

Im Namen des Yod-He-Vau-He bitte ich,
dass ich dem Licht in dieser Welt dienen darf.

Invokation des Strahls der Verzückung

Ich rufe die Elohim
des Strahls der Verzückung,
damit sich euer Licht um meine Körper ergießt.

Ich rufe den Strahl der Verzückung,
damit er mich unterstützt, mein Fahrzeug aus Licht
zu bauen.

Ich rufe die Elohim der Verzückung,
damit sie mich mit der Ich-bin-Gegenwart verbinden.

Ich rufe die Elohim der Verzückung,
damit sie mich mit meiner Quelle verschmelzen.

Die treffendste Beschreibung der Farbe dieses Strahls ist Gold, Kupfer und eine bronzeartige Honigfarbe. Stell dir die Kombination aller Farben vor, kurz bevor sie in Weiß übergehen. Der Strahl der Verzückung wird oft auch viel dicker erfahren als die anderen Strahlen, ähnlich wie Honig.

Invokation der Ich-bin-Präsenz

Ehyah Asher Ehyah.
Ich bin, was ich bin.
Ich rufe die Bruderschaft des Lichts,
Ich rufe die Hüter des Lichts,
Ich rufe die Engel des Lichts,

mich zu unterstützen, so wie Ich bin,
zu sein, wie Ich bin,
mich zu verbinden mit dem, was Ich bin.

Ehyah Asher Ehyah.
Ich bin, was ich bin.

Invokation des weißen Strahls

Ich rufe die Elohim des weißen Strahls,
damit sich das kristalline Licht der Quelle
durch jeden Teil meines Körpers ergießt.

Ich rufe die Elohim des weißen Strahls,
damit die kristallinen Schablonen meiner Körper
aktiviert werden mögen.

Ich bitte darum,
auf die Fülle des weißen Strahls eingestimmt zu sein,
auf dass ich erfüllt werde.

Ich rufe die Elohim des weißen Strahls,
auf dass ich mit dem Licht Gottes erfüllt werde.

Invokation des Kiddush Ha-Shem

Gesegnet sei Yod-He-Vau-He,
Kodoisch! Kodoisch! Kodoisch!
Heilig! Heilig! Heilig!

König der Universen,
der Du die göttliche Ordnung aufgestellt hast,
lege auch die Ordnung meines Lebens
gemäß Deinem Willen fest.

Gesegnet sei Yod-He-Vau-He,
Kodoisch! Kodoisch! Kodoisch! Adonai Tsebayot.
Unendliches Licht!
Unendliche Liebe!
Unendliche Wahrheit!

Herr Gott der Heerscharen,
möge Deine Herrlichkeit die Erde bedecken.
Möge Dein Licht die Erde erhalten,
so wie es die Himmel erhält.

Heilig! Heilig! Heilig!
Ist der Herr der Heerscharen.
möge die Erde von Deiner Herrlichkeit bedeckt sein.
In dieser Welt und in der kommenden Welt.

Kodoisch! Kodoisch! Kodoisch!
Adonai Tsebayot.
Maloch Kol Ha-aretz K'vodoh!
Lay-olam Vo-ed.

Amen. Amen. Amen. Amen.

Der Weckruf

Parallelen verschmelzen,
Magnetismus wallt auf.
Zeit bricht zusammen
und spannt die Synapsen.
Nichts ist verkehrt –
bring es hervor!

Körper schmerzen
von aufbrechenden Kodierungen.
Widerstand ist gebrochen;
die Arbeit fast getan.
Die Veränderungen sind groß –
bring sie hervor!

Die Gemeinschaft der physischen Körper
ist genetische Wiedervereinigung.
Mit Codes der Unendlichkeit
für verkörperte Göttlichkeit.
Unsere Körper kommen auch –
bring sie hervor!

Mentale Irrungen und
zerstörte Illusionen.
Geh durch das Tor:
Erwachen wartet.
Gib dich hin, geh hindurch –
bring es hervor!

Realitäten zu verändern
in göttliche Normalität,
ist aus der paralaxen Perspektive
sehr nützlich.
Wonach du dich sehnst –
bring es hervor!

Vom überpersönlichen Wissen
lösen sich Anhaftungen auf.

Emotionaler Sturm,
dann ist der Geist enthüllt.
Die Liebe für das Eine –
bring sie hervor!

Öffne das Herz zum Jubilieren,
öffne den Geist zum Enthüllen.
Öffne den Körper, öffne die Seele
für das Ziel des geliebten Geistes.
Die Mission ist fast vollbracht –
bring sie hervor!

Mystische Missionen
brauchen magische Visionen.
Offene, wilde Herzen
befreien das magische Kind.
Wir tanzen nach Hause –
bring es hervor!

Unser ekstatisches Geburtsrecht
ist erfüllt von Gnade und Freude.
Ist Himmel, geformt durch das
magische Kind.
Berühre den neuen Morgen –
bring ihn hervor!

Willst du nicht in die Freude einstimmen?
Jedermann kann kommen
zu der universellen Abschlussfeier
der Menschheit.
Stimme ein in den Gesang des Sieges –
bring ihn hervor!

Unsere Welten enden,
Universen steigen auf.
Die Merkabahs drehen sich,
diese Welt ist ein neuer Anfang.
Ruf des Einen:
Bringe es hervor!

Die Merkabah verschmilzt,
wahre Liebe drängt voran.
Raum und Zeit zerbrechen,
der Geist reißt uns mit.
Der Flug des Einen –
bring es hervor!

Amen

Ich bin ein Tempel des Lichts. Amen.
Ich bin ein Hüter der heiligen Bundeslade.
Ich trage die Gesetze Gottes in meinem Herzen.
Ich trete zwischen die Schleier.
Ich spreche mit meiner Quelle.
Amen.

Ich bin ein Tempel des Lichts. Amen.
Die Buchstaben des heiligen Namens
scheinen aus meinen Brauen.
Ich bin der Hüter der dreifältigen Flamme des Ain Soph.
Ich bin ein Priester im Tempel meines Geistes.
Amen.

Ich bin ein Tempel des Lichts. Amen.
Ich bin der Hüter der heiligen Bundeslade.
Die Flamme der Buchstaben scheint durch mich in die Welt,
auf dass alle ein Tempel des Lichts sein mögen,
Hüter der Bundeslade.

Ich bin ein Tempel des Lichts. Amen.
Ich bin der Hüter der heiligen Bundeslade.
Amen. Amen. Amen.

Edwin Courteney
Rituale und Gebete der Aufgestiegenen Meister

Wir alle kennen Situationen im Leben, in denen wir uns blockiert fühlen. Negative Energien, Fehlschläge und Probleme scheinen uns zu behindern. Doch wenn wir die Kraft unseres Willens und unserer Emotionen auf diese Hindernisse richten, können wir sie in etwas Hilfreiches umwandeln. Dreizehn Aufgestiegene Meister (unter ihnen Saint Germain, Mutter Maria, Kuthumi, Serapis Bey) geben uns in diesem Klassiker Rituale zu bestimmten Themen (wie Heilung, Schutz, die Göttliche Mutter) an die Hand, die uns wieder mit unserem Herzen und unseren inneren Kräften verbinden. Die Aufgestiegenen Meister wollen von uns als ältere Geschwister betrachtet werden, sie reichen uns voller Liebe ihre Hände und lassen uns die Herrlichkeit Gottes erahnen, die uns erwartet, wenn wir ganz in unseren Herzen wohnen. ... Und dieses Buch hilft uns, den Weg dorthin wieder zu finden.

128 Seiten, Paperback • € 12,90 (D)/ca. sFr. 23,90
ISBN 978-3-939570-44-8

Diana Cooper
Dein Aufstieg ins Licht

Möchten Sie ein Leben voller Freude? Halten Sie es für möglich, dass Ihr Aufstieg ins Licht noch in diesem Leben geschehen kann? Und sind Sie bereit, etwas dafür zu tun? – Diana Cooper gibt Ihnen hier alles an die Hand, was Sie brauchen, um Ihre höchsten spirituellen Ziele erreichen zu können.
Zu Beginn ist es besonders wichtig, dass Sie Ihre Gedanken und Emotionen reinigen und heilen. Die einfachen Übungen in diesem Buch zeigen, wie Sie den Ballast der Vergangenheit loslassen, in Ihre Kraft kommen und sich mit den Aufgestiegenen Meistern und den Erzengeln verbinden können. So werden Sie auf eine höhere Schwingungsebene aufsteigen. Ihr Leben wird Freude, bedingungslose Liebe und Einheit ausstrahlen.
Die vielen Fallbeispiele aus dem reichen Erfahrungsschatz der Autorin machen „Dein Aufstieg ins Licht" zu einem einzigartigen Handbuch für praktizierende Lichtarbeiter.

228 Seiten, Paperback • € 12,90 (D)/ca. sFr. 23,90
ISBN 978-3-939570-05-9

Tony Stubbs
Handbuch für den Aufstieg

Dieses Handbuch mit seinen Übungen und Techniken ist eine praktische „Gebrauchsanleitung" für den aufsteigenden Lichtarbeiter. Sehr detailliert und mit viel Humor enthüllt Serapis in zeitgemäßer Sprache, was Eingeweihte schon seit Tausenden von Jahren wissen. Und er erklärt uns, wie wir das Wissen für die kommende ereignisreiche Zeit verwenden können. Um zur Quelle zurückzukehren, müssen wir aufsteigen. Serapis zeigt uns, wie wir das mit Anmut, Leichtigkeit und Freude tun können.

155 Seiten, Paperback • € 12,90 (D)/ca. sFr. 23,90
ISBN 978-3-939570-29-5